Gli struzzi   282

Titolo originale *Exercices de style*

Copyright 1947 e © 1976 Éditions Gallimard, Paris

Copyright © 1983 Giulio Einaudi editore s.p.a., Torino   Seconda edizione

ISBN 88-06-05620-4

Raymond Queneau
Esercizi di stile

Introduzione e traduzione di Umberto Eco

Einaudi

Introduzione

1. *Il testo e le sue edizioni.*

Gli *Exercices* sono stati pubblicati in prima edizione nel 1947 (da Gallimard) a cui ha fatto seguito una 'nouvelle édition' nel 1969. Entrambe le edizioni contano novantanove esercizi (le *Notations* piú novantotto variazioni). Tuttavia le variazioni hanno subito, nel corso della riedizione, alcuni mutamenti. Per informazione del lettore, provvedo una tavola delle mutazioni:

Scomparsi nella nuova edizione

Permutations de 2 à 5 lettres
Permutations de 9 à 12 lettres
Réactionnaire
Hai Kai
Féminin

Aggiunti nella nuova edizione

Ensembliste
Définitionnel
Tanka
Translation
Lipogramme

Mantenuti con titoli cambiati

1947	
Homéoptotes ora	*Homéotéleutes*
Prétérit	*Passé simple*
Noble	*Ampoulé*
Permutations de 5 à 8 lettres	*Permutations par groupes croissants de mots*
Permutations de 1 à 4 mots	*Permutations par groupes croissants de mots*
Contre-vérités	*Antonymique*

Latin de cuisine	*Macaronique*
A peu près	*Homophonique*
Mathématique	*Géométrique*

Va notato che l'ultima variazione non muta solo nel titolo ma anche, e parzialmente, nel contenuto. Il matematico Queneau ha probabilmente ritenuto opportuno riadattare la parodia sulla base di studi piú aggiornati.

Quanto agli altri mutamenti di titolo, sembrano ispirati a una preoccupazione di esattezza 'retorica'. Preoccupazione esagerata, perché *Antonymique* non soddisfa alle promesse del titolo. Tanto per fare un esempio, la Gare de Lyon non può dirsi, lessicalmente parlando, l'antonimo della Gare Saint-Lazare. Il titolo originario (che puntava su variazioni del referente e non su precise opposizioni lessicali), era piú appropriato, e come tale l'ho conservato nella traduzione. Le permutazioni di lettere e parole sono state ridotte da quattro a due, evidentemente per alleggerire la raccolta, e ho rispettato questa scelta.

Piú difficile dire il perché delle sostituzioni. Cinque tolti e cinque aggiunti, sembrerebbe che la decisione sia dovuta al fatto che Queneau amava i nuovi esercizi ma voleva mantenere il numero complessivo di novantanove. Delle variazioni abolite, le permutazioni in piú non aggiungevano nulla; *Hai Kai* e *Tanka* sono fungibili del punto di vista della parodia[1]; piú divertenti erano invece *Réactionnaire* e *Féminin*. Potremmo dire che *Féminin* era banale e la psicologia femminile era di maniera. Ma *Réactionnaire* è un bel pezzo di costume, sempre attuale, anche se il reazionario di Queneau è un poco pochadesco. Insomma, non so perché Queneau l'abbia tolto, ma io ho deciso di lasciarlo, per il resto rispettando la nuova edizione.

In entrambe le edizioni c'era un gruppo di esercizi intraducibili (almeno in linea di principio) perché l'italiano non sopporta giochi che il francese invece incoraggia. Ho eliminato *Loucherbem*, troppo gergale (ed era inutile ricorrere a gerghi o dialetti italiani, già sfruttati per altri esercizi) e l'ho sostituito appunto con *Reazionario*[2].

---

[1] Il Tanka è una forma poetica giapponese di 31 sillabe ripartite in cinque versi secondo lo schema 5-7-5-7-7. Del pari lo Hai Kai (o Haiku) consta di tre versi di 5-7-5 sillabe. In entrambi i casi si tratta di forme che possono ricordare quella della poesia contemporanea occidentale.

[2] Il Loucherbem è un largonji in 'bème' tipico dei garzoni di macellaio della Villette o di Vaugirard. Nel largonji la consonante iniziale è so-

Ho dovuto pure eliminare *Homophonique*, perché il francese è ricco di omofoni e l'italiano no. Viene sostituito da *Vero?* (che insieme a *Dunque, cioè* traduce il francesissimo *Alors*, segno forse che noi siamo piú fantasiosi nel tormentare il prossimo con insopportabili intercalari).

Anche *Contre-petteries* avrebbe dovuto essere tralasciato, perché si tratta di un genere tipicamente francese con una sua illustre tradizione. L'ho tradotto ugualmente, per scommessa, ma il risultato non è entusiasmante[1].

C'è un altro esercizio (*Distinguo*) che è anch'esso basato su omofonie, e l'ho trasformato in un gioco di equivoci lessicali fondati su omonimie e omografie. Ogni lingua ha i suoi problemi.

Con questi accorgimenti ho rispettato la numerologia dell'autore, e gli esercizi sono formalmente rimasti novantanove.

Dico 'formalmente' perché di fatto *Omoteleuti* è doppio e *Lipogrammi* è quintuplo, per ragioni che spiegherò piú avanti. Cosí il mio centesimo esercizio di stile consiste nel fare apparire come novantanove quelli che di fatto sono centoquattro (e centoquattro sarebbero stati dichiarati se appena appena questa cifra avesse avuto un sia pur modesto senso mistico).

2. *Esercizi su che cosa?*

A scorrere l'elenco degli esercizi sembra che Queneau non abbia lavorato secondo un piano. Essi non sono in ordine alfabetico, né in ordine di complessità crescente. A prima vista l'esperto di retorica si rende conto che egli non

stituita da una 'l' e riportata in fine di parola: *jargon-largon-largonji*. Nel loucherbem, l'iniziale riportata alla fine viene successivamente suffissata da un 'em': *boucher-loucher-loucherbem*. L'esercizio di Queneau ha l'aria di introdurre altre licenze argotiche con suffissi in 'ège' in 'ingue' eccetera. Anche a riprodurre lo stesso meccanismo in italiano si sarebbe perso ogni sapore evocativo. Lo stesso problema si poneva con il javanais, altro processo argotico di deformazione sistematica, per cui un infisso 'av' viene posto tra la consonante e la vocale della prima o di ogni sillaba: ma si dava il caso che in italiano ci siano forme di giavanese usate dai ragazzi come linguaggio pseudo-segreto, e per questo l'ho conservato. Cfr. J. Cellard e A. Rey, *Dictionnaire du français non conventionnel*, Hachette, Paris 1980.

[1] La *contrepèterie* (Queneau scrive *contre-petteries*) mira all'inversione delle lettere o delle sillabe di una catena verbale per produrre un effetto comico e sovente osceno: da *femme folle de la messe* a *femme molle de la fesse*.

ha messo alla prova tutte le figure retoriche e non ha messo alla prova solo quelle.

Non le ha provate *tutte*, perché curiosamente mancano la sineddoche, la metonimia, l'ossimoro, lo zeugma, e si potrebbe continuare a registrare moltissime altre illustri assenze. D'altra parte, a volersi attenere alla lista, non dico di Lausberg, ma almeno di Fontanier, gli esercizi avrebbero dovuto essere ben piú che cento.

Non ha provato *solo* le figure retoriche, perché si trovano nell'elenco evidenti parodie di generi letterari (come l'ode) e di comportamenti linguistici quotidiani (discorso volgare, ingiurioso, eccetera). Ad una seconda ispezione l'esperto di retorica si accorge però che le figure di discorso, di pensiero e i tropi sono rappresentati molto piú di quanto i titoli lascino a divedere. Per le figure molto tecniche, come sinchisi o epentesi, Queneau gioca terroristicamente a esibire il termine scientifico, anche perché (si vedano i testi degli esercizi dal titolo 'difficile') tanto il lettore si accorge subito che c'è poco da capire e si deve solo ammirare il gioco di bravura. Per ammirarlo bisogna capire la regola, ma Queneau confida che il lettore se la trovi da solo, e probabilmente mette in conto questo aspetto enigmistico del suo gioco.

Ma, a parte che quasi tutti gli esercizi piú leggibili sono intessuti di figure retoriche di diverso genere, e piú d'una per esercizio, ci si può accorgere che l'esercizio su di una figura particolare esiste anche là dove il titolo è piú immediatamente intuitivo.

Per cominciare, le *Notations* sono un esempio di *sermo manifestus*, ovvero di discorso piano ed esplicito. *En partie double* è un esercizio sulle sinonimie e sulla parafrasi, come d'altra parte *Définitionnel*, *Rétrograde* esemplifica l'*hysteron proteron*, *Surprises* è un campionario di esclamazioni, *Hésitations* e *Maladroit* sono un esercizio sulla *dubitatio* (poiché nella *dubitatio* l'oratore chiede al pubblico consiglio su come coordinare il discorso, data la difficoltà della materia). *Précisions*, oltre che a costituire un bel caso di ridondanza, potrebbe essere definito in termini di ipotiposi; e se tale figura si realizza attraverso una esposizione dettagliata capace di rendere percettivamente evidente l'oggetto, allora dovremmo associare a tale figura anche *Olfactif*, *Gustatif*, *Tactile*, *Visuel* e *Auditif*.

I due *Aspect subjectif* sono un caso di *sermocinatio* (in cui l'oratore mette il suo discorso in bocca a un'altra persona e ne imita il modo di esprimersi – ma in tal caso molti esercizi cadono sotto questa etichetta).

Composition de mots è un caso di *mots-valise* o calembour. *Négativité* esemplifica la tecnica della *correctio*. *Insistance*, *Moi je* e *Alors* procedono per pleonasmi. *Ignorance* e *Impuissance* sono casi di reticenza. Di nuovo il gruppo *Visuel*, *Gustatif* eccetera si basa sulla similitudine, *Télégraphique* è uno splendido esempio di *brevitas*. Gli *Hellénismes* sono un caso classico di *oratio emendata*, *Réactionnaire* usa spudoratamente il *locus communis*, *Anglicismes* inventa neologismi. *Noms propres* rappresenterebbe, ad essere rigorosi, un caso sia pur bizzarro e poco motivato di antonomasia vossianica.

D'altra parte questa sapienza retorica non va presa troppo sul serio. Queneau spesso gioca (e qui non si può non usare un ossimoro) a prendere le figure alla lettera. Ovvero prende alla lettera l'enunciazione della regola, e tradendo il senso della regola, ne trae un ulteriore motivo di gioco.

Facciamo alcuni esempi. È vero che la protesi consiste nell'anteposizione, l'epentesi nell'interposizione e la paragoge nella posposizione di una lettera o di un fonema, ma nei manuali di retorica si dànno esempi di protesi, epentesi e paragoge, per cosí dire, sensate: *gnatus* per *natus*, *vivòla* per *viola*, *virtute* per *virtú*. Se si vanno a leggere invece questi esercizi si vede che Queneau ha anteposto, posposto e interposto a man salva, portando la figura (anche se queste ed altre non sono, in termini classici, figure bensí *virtutes* o *vitia elocutionis*) al parossismo. Lo stesso fa con aferesi sincope e apocope, che dovrebbero ragionevolmente produrre esempi quali *mittere* per *omittere*, *spirto* per *spirito*, *fé* per *fede*. Come prime le aggiunzioni di lettere o suoni, qui le detrazioni procedono a raffica, nell'ambizione di produrre non 'letterarietà' bensí rumore, e possibilmente fracasso. Lo stesso avviene col poliptoto, che dovrebbe essere una moderata ripetizione della stessa parola in diversa prospettiva sintattica ad ogni occorrenza, come in «Rome seule pouvait Rome faire trembler»: e si veda invece che effetto di *nonsense* ossessivo Queneau trae dalla immoderata frequenza del termine *contribuable*.

Cosí dicasi della sinchisi, che è figura sintattica in cui, incrociando anastrofe («del sovrano la bella vittoria») e iperbato («Alba lo vuole, e Roma») si ottiene un caos nella successione delle parole che compongono la frase. Queneau realizza la sinchisi su di un intero testo, né è l'unica volta che la ottiene, perché un caso di sinchisi (o *mixtura verborum*) lo si ha, per forza di cose, anche nell'esercizio di permutazione per gruppi crescenti di parole.

In molti esercizi si porta al parossismo, poi, ogni variazione di allitterazione e paronomasia, come in *Homéotéleutes* (che allittera sulle finali) e *Paréchèses* (ma sarebbe piú esatto il termine retorico francese *parechème*) che allittera sulle iniziali. Insomma, Queneau usa le figure retoriche per ottenere effetti comici ma nel contempo fa del comico anche sulla retorica.

Non poteva quindi prendere la retorica (come scienza e come tecnica) del tutto sul serio (anche se la conosceva a menadito) e a questo si deve probabilmente la nonchalance con cui procede senz'ordine, seguendo il proprio estro, e senza attenersi ad alcun sistema o classificazione.

A questo punto il lettore può intendere che, avendo deciso di provare asistematicamente alcune figure retoriche, con molti altri esercizi Queneau abbia abbandonato la retorica e abbia seguitato con parodie letterarie e di costume, o con riferimenti a gerghi tecnico-scientifici.

Ma la retorica non si limita alle sole figure e cioè alla sola *elocutio*. C'è l'*inventio* e c'è la *dispositio*, c'è la memoria, c'è la *pronuntiatio*, ci sono i generi oratori, le varie forme di *narratio*, ci sono le tecniche argomentative, le regole di *compositio*, e nei manuali classici ci sta anche la poetica, con tutta la tipologia dei generi letterari e dei caratteri... Insomma, a legger bene gli *Exercices* ci si rende conto che Queneau dell'*ars rhetorica* non esperimenta tutto, ma certo esperimenta di tutto, e che quindi il suo libretto è tutto un esercizio sulla retorica, anzi, una dimostrazione che la retorica sta un poco dappertutto.

Per dimostrarlo potremo cercare di raggruppare gli esercizi secondo la tipologia proposta dal Groupe µ della *Rhétorique Générale*:

	Operazioni sulla espressione	Operazioni sul contenuto
su parole o entità minori	METAPLASMI	METASEMEMI
su frasi o entità maggiori	METATASSI	METALOGISMI

Ricordando inoltre che una sottospecie dei metaplasmi sono i metagrafi, ecco allora che possiamo individuare una serie di esercizi che lavorano di aggiunzione, soppressione e permutazione di lettere alfabetiche (*Anagrammes, Permutations par groupes croissants de lettres, Lipogrammes*) e altri che lavorano di aggiunzione, soppressione e permutazione di suoni (*Homéotéleutes, Javanais, Homophones, Aphérèses, Apocopes, Syncopes, Métathèses*).

Questi sono in fondo gli esercizi piú traducibili, purché per 'tradurre' non si intenda cercar dei sinonimi (che per questi esercizi non esistono) in un'altra lingua: si tratta di compiere la stessa operazione su di un testo base italiano. Poiché infine Queneau non procede in modo meccanico, ma tiene un occhio, per cosí dire, anche alle esigenze dell'orecchio, il traduttore è abbastanza libero di fare qualche aggiustamento e di permettersi qualche malizia. Di malizie, peraltro, Queneau se ne concede anche troppe. Per esempio, quando sottopone un testo a trasformazioni metaplastiche non lavora su *Notations* né su altro testo identico per ciascuna trasformazione. Se ci fosse un testo unico sotto *Métathèses* e *Anagrammes*, poiché Queneau anagramma con molta moderazione onde lasciar riconoscere il testo base (inedito), i due esercizi finirebbero per essere quasi identici, perché un anagramma moderato è poco piú di una metatesi.

Io ho preso un'altra decisione: per tutti i metaplasmi (anagrammi, apocopi, aferesi, sincopi, paragoge, metatesi, prostesi ed epentesi), nonché per la duplice operazione metatattica delle permutazioni per gruppi di lettere e di parole, ho lavorato su di un unico testo base che qui trascrivo

Un giorno verso mezzogiorno sopra la piattaforma posteriore di un autobus della linea S vidi un giovane dal collo troppo lungo che portava un cappello circondato d'una cordicella intrecciata. Egli tosto apostrofò il suo vicino pretendendo che costui faceva apposta a pestargli i piedi ad ogni fermata. Poi rapidamente egli abbandonò la discussione per gettarsi su di un posto libero. Lo rividi qualche ora piú tardi davanti alla Gare Saint-Lazare in gran conversazione con un compagno che gli suggeriva di far risalire un poco il bottone del suo soprabito.

A questo punto ho potuto permettermi di anagrammare in modo piú complesso, non solo parola per parola, ma per sintagmi e clausole, ottenendo un testo che in qualche modo (stranito) fa senso, anche se il testo di partenza sarebbe irriconoscibile se non lo si avesse sott'occhio a latere.

Naturalmente tra metagrafi e metaplasmi dovrebbero rientrare anche esercizi come quello che in originale s'intitola *Poor lay Zanglay* (che deve leggersi «pour les anglais») e che ho tradotto come *Perlee Englaysee* («per li inglesi») il quale costituisce la parodia di un tristissimo genere linguistico, e cioè la trascrizione fonetica dei dizionarietti per turisti.

Non esistono problemi neppure per le metatassi chiaramente individuabili, come *Synchyses* (o *Mixtura verborum*), *Permutations par groupes croissants de mots, Paréchèses*, e i vari esercizi sui tempi verbali. Porrei in questa categoria anche *Insistance*, che lavora su chiasmi, anafore e altre figure sintattiche, anche se è evidente che questo esercizio costituisce al tempo stesso la parodia di un abito psicologico o di un vezzo concernente l'uso linguistico quotidiano.

In ogni caso, le metatassi sono traducibili, forse piú letteralmente dei metaplasmi, e le licenze che mi son preso sono dovute a una decisione 'perfezionistica' (di cui dirò) e non dipendono da difficoltà di traduzione.

Dei metasememi classici Queneau propone la metafora, e curiosamente ignora sineddochi, metonimie, ossimori. Però porrei tra questo tipo di esercizi, legati in qualche modo all'universo lessicale, tutte le variazioni che sfruttano determinati campi semantici (olfattivo, tattile, visivo, gustativo, gastronomico, medico, botanico, zoologico), cosí come rilevanza semantica hanno le variazioni basate sulla ridondanza (*Précisions, Définitionnel*). Sarebbe di carattere metasememico anche *Antonymique* se, come si è già detto, Queneau lavorasse davvero su antonimi codificati dal lessico, mentre di fatto egli tiene d'occhio il referente, lo stato di fatto a cui il testo base si riferisce. Egli non dice l'assoluto 'contrario' lessicale, ma qualcosa di sensibilmente e scandalosamente 'diverso', ma diverso nell'ordine dei fatti, piú che nell'ordine delle parole.

Gli esercizi di questa categoria pongono al traduttore gli stessi problemi che porrebbe qualsiasi testo letterario, popolato di figure retoriche.

Veniamo ora ai metalogismi. La retorica è sempre stata assai imprecisa nel definire quelle che, secondo la trattatistica tradizionale, sono dette figure di pensiero: quale è la differenza tra pensiero e linguaggio? E dunque queste figure stanno a metà strada tra l'operazione linguistica e l'intervento sulla rappresentazione degli stati di fatto (reali o possibili) a cui il linguaggio si riferisce o può riferirsi. Non solo, poiché tra i metalogismi stanno anche alcuni generi, come per esempio l'allegoria o la favola, questa sezione dovrebbe comprendere l'intero universo dei riferimenti intertestuali. E così mi pare si debba fare.

Ci sono metalogismi per così dire 'canonici', come la litote, l'iperbole (*Ampoulé*) l'inversione cronologica degli eventi (*Rétrograde*). Ma poi Queneau esce dai confini delle figure del pensiero codificate e affronta altri universi comunicativi. Uno è quello degli *atti linguistici*, come li chiameremmo oggi: il pronostico, la precisazione, l'esclamazione, lo stesso comunicato stampa, l'apostrofe o l'ingiuria.

Il secondo è quello dei generi di discorso non letterario: il volgare, il telegrafico, il disinvolto, il maldestro, eccetera. E infine, la terza categoria è quella della parodia dei vari generi letterari e scientifici: *Fantomatique, Sonnet, Ode, Apartés, Animisme, Ampoulé, Comédie, Ensembliste* o *Géométrique*, anche se l'elenco può sembrare incongruo, sono pur sempre esercizi che si riferiscono a modelli colti e codificati come tali. Quindi possiamo dire che, anche dal punto di vista della tassonomia classica, Queneau esce sovente dall'*elocutio* ma mai dalla retorica in senso lato. Dal punto di vista della classificazione che ho presa a prestito dal Groupe μ, infine, Queneau continua a giocare su figure (nel senso ampio dei metalogismi) anche quando fa parodie letterarie di costume, di atti comunicativi. In breve, anche quando pare parlarci dell'esperienza del mondo – ironizzando su caratteri psicologici e tipi sociali – lo fa riferendosi al modo in cui questa esperienza si manifesta nel linguaggio.

3. *Giochi di parole e giochi di situazione.*

Quello che gli *Exercices* ci insegnano è anzitutto che non si può porre una discriminante precisa tra figure di espressione e figure di contenuto. Prendiamo un esercizio come quello sulle metatesi. Che una cordicella diventi una 'crodicella' è conseguenza di una operazione pressoché meccanica attuata sulla forma fonica (o alfabetica) ma lo spostamento non suggerisce forse delle immagini, che già sono dell'ordine del contenuto? Certo, ci sono artifici – come appunto la metatesi – che partono da una manipolazione dell'espressione per produrre riverberi nel contenuto (e in tal modo la buona *contre-pèterie* deve evocare imbarazzanti doppi sensi) ed esercizi che partono dal contenuto (si pensi alla sostituzione metaforica) per produrre poi alterazioni (e si tratta in questo caso di una ardita sostituzione lessicale) che sono dell'ordine dell'espressione. Ma in una prospettiva semiotica globale *tout se tient*.

Indubbiamente se noi diciamo che «il calzolaio ha studiato alle *suole* elementari», facciamo ridere e l'effetto è ottenuto solo metaplasticamente, mediante una operazione di soppressione parziale. Ma perché fa meno ridere dire che «il calzolaio ha studiato alle scuole *ali*mentari», dove si attua un altro metaplasma (questa volta di soppressione più aggiunzione semplice)? È che semanticamente il calzolaio è più collegato alle suole che non all'alimentazione. Entra in gioco un concetto di rappresentazione semantica in formato di enciclopedia che deve provvedere per ogni lemma di un dizionario ideale una serie di informazioni non semplicemente grammaticali. La differenza tra un lapsus meccanico e un lapsus significativo è data proprio da queste parentele (o da queste estraneità). Quindi neppure gli esercizi metaplastici sono del tutto asemantici. Neppure gli esercizi più scopertamente privi di significato, come tutti quelli che giocano sui metagrafi, sono privi di riverbero sul contenuto. Presi uno per uno, e fuori contesto, essi non farebbero affatto ridere, e apparirebbero come il prodotto di un linotipista impazzito (in assenza del proto). Essi risultano comici solo nel quadro del progetto, ovvero della scommessa metalinguistica che regge gli *Exercices* come complesso. Queneau si è chiesto: è possibile sottomettere un testo base a tutte le variazioni pensabili, purché ciascuna segua una qualche regola? Solo per questo anche le variazioni prive di significato risultano significative, almeno a livello metalinguistico. Gli *Exercices* giocano sulla intertestualità (sono parodie di altri discorsi) e sulla co-testualità: se il volumetto si componesse non di novantanove ma di dieci

esercizi sarebbe meno divertente (e, a parte la sopportabi-
lità, sarebbe ancora piú divertente se si componesse di no-
vantanovemila esercizi). L'effetto comico è globale, nasce
dal cumulo, figura retorica che domina tutte le altre e che
ciascun esercizio contribuisce a esemplificare. Quindi mentre si ride su uno scambio meccanico di lettere alfabetiche,
si ride nel contempo sulla scommessa dell'autore, sugli
equilibrismi che egli mette in opera per vincerla, e sulla
natura sia di una lingua data che della facoltà del linguaggio nel suo insieme.

Ho letto da qualche parte che Queneau ha concepito
l'idea degli *Exercices* ascoltando delle variazioni sinfoni-
che (e mi domando se egli non avesse anche in mente le
variazioni che il Cyrano di Rostand fa sul tema del naso).
Ora, come c'insegna Jakobson, la variazione musicale è un
fenomeno sintattico che – all'interno del proprio co-testo –
crea attese e pronostici, ricordi e rinvii, perciostesso pro-
ducendo fenomeni di senso. In ogni caso Queneau ha deciso non solo di variare grammaticalmente sul tema musicale, ma anche sulle condizioni d'ascolto. Possiamo ascoltare una composizione anche comprimendoci ritmicamen-
te le orecchie con le mani, in modo da filtrare i suoni e da
udire una sorta di ansimare, un rumore ordinato, una cacofonia regolata. Ma per godere di questo esperimento bisogna sapere che da qualche parte sta la sinfonia nella sua
integrità, e tanto meglio se l'abbiamo già udita prima, o
altrove.

Quindi ciascun esercizio acquista senso solo nel contesto degli altri esercizi, ma appunto di *senso* bisogna parlare, e quindi di contenuto, e non solo di divertimento dovuto alla meccanica metaplastica, per quanto delirante essa sia.

Ma gli *Exercices* ci dicono anche che è molto difficile di-
stinguere il comico di linguaggio dal comico di situazione.

Apparentemente la distinzione è chiara. Se il ministro
della pubblica istruzione, nel corso di una cerimonia solen-
ne, cade dalle scale, abbiamo un comico di situazione, e la
situazione può essere raccontata in lingue diverse. Se invece, per definire una riforma scolastica mal riuscita, si dice
che «il ministro della pubblica istruzione è caduto dalle
scuole» abbiamo comico di linguaggio, che di solito resi-
ste alla traduzione da lingua a lingua.

Ma non è che da una parte ci sia l'ordine dei fatti e dall'altra quello dei segni. Per intanto, affinché si rida di un ministro che cade dalle scale, occorre che ci muoviamo nell'ambito di una cultura particolare che oscuramente desidera umiliare certi simboli del potere; non fa affatto ridere – almeno nella nostra civiltà – raccontare di una partoriente che, mentre si reca in clinica, cade dalle scale. E dunque anche la situazione (puro fatto) diventa comica nella misura in cui i personaggi e i fatti sono già carichi di valenze simboliche. Il comico di situazione non sarà linguistico, ma è pur sempre semiotico. In secondo luogo, se fa ridere dire che il ministro della pubblica istruzione cade dalle scuole, non fa ridere dire la stessa cosa del ministro del commercio estero. Ancora una volta, come per il calzolaio, c'è un problema di rappresentazione enciclopedica di ciò che dovrebbe essere la pubblica istruzione (e il suo ministro). Alcuni chiamano questo tipo di informazione «conoscenza del mondo». Ed ecco che in qualche modo (senza voler affrontare in questa sede il problema di una definizione semiotica della conoscenza del mondo) anche il comico detto di linguaggio è legato a contesti extralinguistici.

D'altra parte, anche gli esercizi che apparterrebbero all'ordine dei metalogismi, legati a modelli psicologici o sociali, non sono indipendenti dalla lingua che li veicola. Sono possibili in francese perché il francese di Queneau rispecchia una civiltà e rinvia a un contesto sociale (la Francia, Parigi) e a un'epoca precisa.

A tradurli letteralmente accadrebbe quello che accade ai traduttori di libri gialli americani, che si sforzano di rendere con improbabili trasposizioni pseudo-letterali, situazioni, vezzi gergali, professioni, modi di dire tipici di un altro mondo. E abbiamo quelle mostruosità come «mi porti alla città bassa», che traduce /downtown/: il problema è che non si può dire cosa sia /downtown/ in italiano, non è sempre il centro (non lo è a New York), non è necessariamente il centro storico, non è ovunque la parte lungo il fiume, talora è il dedalo di viuzze dove regna la malavita, talora il nucleo dei grattacieli e delle banche... Per sapere cosa sia /downtown/ occorre conoscere la storia di ogni singola città americana.

Ora il traduttore di gialli non può trasformare Los Angeles o Dallas in Roma o Milano. Ma in qualche misura il traduttore di Queneau può. Si veda un esercizio come *Phi-*

losophique: risente, è ovvio, del lessico filosofico francese negli anni quaranta, ed evoca sbiadite copertine P.U.F. o Vrin. Il traduttore può e deve aggiornare, almeno sino al corpo senz'organi dell'*Antiedipo*.

Oppure si veda *Maladroit*: a parte che non è tra i piú felici della raccolta, oggi abbiamo modelli di discorso impacciato ben altrimenti riconoscibili, e io ho deciso di ispirarmi a uno dei piú noti in Italia, il discorso 'settantasettista' (tra il coatto, il sottoproletario, il fumato, l'uomo rivoltato e l'ex rivoluzionario alla ricerca del 'proprio privato'). Questo è forse uno dei casi estremi, dove di Queneau rimane solo il titolo-stimolo. Ma nella stessa prospettiva si muovono le traduzioni di *Moi je, Partial, Injurieux*, o quella di *Interrogatoire*, dove mi è parso utile utilizzare quel linguaggio tra il tribunalizio e il posto di pubblica sicurezza, già esemplarmente bollato da Calvino.

In altri casi la scelta autonoma è stata pressoché d'obbligo, come nel caso di *Vulgaire*, dove ho lavorato di calco su di un romanesco di maniera.

In breve, nessun esercizio di questo libro è puramente linguistico, e nessuno è del tutto estraneo a *una* lingua. In quanto non è solo linguistico, ciascuno è legato all'intertestualità e alla storia; in quanto legato a una lingua è tributario del genio della lingua francese. In entrambi i casi bisogna, piú che tradurre, ricreare in un'altra lingua e in riferimento ad altri testi, a un'altra società, e un altro tempo storico.

4. *Le corse migliorano le razze.*

Ma anche risolti tutti questi problemi, c'era ancora uno spazio residuo di libertà, e occorreva decidere quanto si dovesse o potesse approfittarne.

Queneau aveva tentato un esperimento quando il gioco era inedito, mentre, si sa, le corse migliorano le razze, e dopo che qualcuno ha battuto un record se ne può tentare uno piú alto. Inoltre tra il 1947 e oggi c'era stato di mezzo l'esperimento dell'Oulipo, di cui Queneau era stato un animatore (e si è visto come nella nuova edizione egli ne abbia tenuto conto, sia pure di poco, evidentemente perché non aveva voglia di rimettere mano al libro, e un bel gioco dura poco).

Ragionando in questi termini, ecco che si ponevano alcuni problemi.

Per esempio, se in *Homéotéleutes* Queneau ha allitterato facendo terminare 27 parole in /ule/, perché il traduttore non poteva tentare un doppio esercizio (uno in /ate/ e l'altro in /ello/) realizzando nel primo 28 parole e 30 nel secondo? E se Queneau gioca di parechemi su 34 parole, perché non riuscire a farlo con 67 parole? Credo che se Queneau avesse riscritto l'esercizio ad anni di distanza avrebbe voluto superare se stesso, né gli mancava l'immaginazione lessicale per farlo molto bene. Cosí ho giocato, in questi come in altri casi, di 'perfezionismo' – e credo di aver lavorato in spirito di fedeltà.

Con altrettanta e forse maggiore libertà mi sono regolato per i riferimenti intertestuali. Perché ostinarsi a tradurre *Alexandrins* (quando l'alessandrino è cosí poco presente nella tradizione letteraria italiana) se potevo parodiare la canzone leopardiana? E dovendo rendere lo stile di *Précieux* perché non dovevo buttarmi in piena autonomia a parodiare i preziosismi dannunziani?

Ma forse l'esempio piú tipico di 'perfezionismo' è quello che concerne il *Lipogramme*, che Queneau inserisce nella nuova edizione. Lo fa, immagino, perché nel frattempo questo genere è stato ampiamente praticato da lui e da altri nell'ambito dell'Oulipo. Come è noto il lipogramma è un testo da cui viene eliminata una data lettera dell'alfabeto, preferibilmente una vocale (rimane famoso il tour de force di Georges Pérec che scrive un intero libro eliminando A, I, O e U). Ma il bello del lipogramma è far scomparire tendenzialmente tutte le lettere dell'alfabeto, una per esercizio, dallo stesso testo. Cosí si era fatto nell'antichità in cui si erano lipogrammati i vari canti dell'*Iliade* eliminando in ciascuno la lettera che li contrassegnava.

Ora Queneau presenta un solo lipogramma in E, immagino per non superare il numero fatidico di novantanove esercizi. A me è parso doveroso portare a termine la proposta del mio autore, e quindi alla voce *Lipogramma* i miei esercizi sono cinque, uno per vocale. E ho dovuto resistere alla tentazione di non farne ventuno.

Ma di tentazioni ne ho dovute reprimere molte ancora: avrei voluto provare l'eufemismo, la metalessi, l'ipallage, ero tentato di parodiare il linguaggio avvocatesco, quello degli architetti o dei creatori di moda, il sinistrese, o di raccontare la storia alla Hemingway, alla Robbe-Grillet, alla Moravia... *Exercices de style* è come l'uovo di Colombo, una volta che qualcuno ha avuto l'idea è assai facile andare avanti ad libitum. Ma si trattava di rispettare i limiti (sia pure elastici) del mio ruolo.

Si trattava, in conclusione, di decidere cosa significasse, per un libro del genere, essere fedeli. Ciò che era chiaro è che non voleva dire essere letterali.

Diciamo che Queneau ha inventato un gioco e ne ha esplicitato le regole nel corso di una partita, splendidamente giocata nel 1947. Fedeltà significava capire le regole del gioco, rispettarle, e poi giocare una nuova partita con lo stesso numero di mosse.

UMBERTO ECO

Esercizi di stile

Notations

Dans l'S, à une heure d'affluence. Un type dans les vingt-six ans, chapeau mou avec cordon remplaçant le ruban, cou trop long comme si on lui avait tiré dessus. Les gens descendent. Le type en question s'irrite contre un voisin. Il lui reproche de le bousculer chaque fois qu'il passe quelqu'un. Ton pleurnichard qui se veut méchant. Comme il voit une place libre, se précipite dessus.

Deux heures plus tard, je le rencontre Cour de Rome, devant la gare Saint-Lazare. Il est avec un camarade qui lui dit: «Tu devrais faire mettre un bouton supplémentaire à ton pardessus». Il lui montre où (à l'échancrure) et pourquoi.

Notazioni

Sulla S, in un'ora di traffico. Un tipo di circa venti-sei anni, cappello floscio con una cordicella al posto del nastro, collo troppo lungo, come se glielo avessero tirato. La gente scende. Il tizio in questione si arrabbia con un vicino. Gli rimprovera di spingerlo ogni volta che passa qualcuno. Tono lamentoso, con pretese di cattiveria. Non appena vede un posto libero, vi si butta. Due ore piú tardi lo incontro alla Cour de Rome, davanti alla Gare Saint-Lazare. È con un amico che gli dice: «Dovresti far mettere un bottone in piú al soprabito». Gli fa vedere dove (alla sciancratura) e perché.

En partie double

Vers le milieu de la journée et à midi, je me trouvai et montai sur la plate-forme et la terrasse arrière d'un autobus et d'un véhicule des transports en commun bondé et quasiment complet de la ligne S et qui va de la Contrescarpe à Champerret. Je vis et remarquai un jeune homme et un vieil adolescent assez ridicule et pas mal grotesque: cou maigre et tuyau décharné, ficelle et cordelière autour du chapeau et couvre-chef. Après une bousculade et confusion, il dit et profère d'une voix et d'un ton larmoyants et pleurnichards que son voisin et covoyageur fait exprès et s'efforce de le pousser et de l'importuner chaque fois qu'on descend et sort. Cela déclaré et après avoir ouvert la bouche, il se précipite et se dirige vers une place et un siège vides et libres.

Deux heures après et cent vingt minutes plus tard, je le rencontre et le revois Cour de Rome et devant la gare Saint-Lazare. Il est et se trouve avec un ami et copain qui lui conseille de et l'incite à faire ajouter et coudre un bouton et un rond de corozo à son pardessus et manteau.

Partita doppia

Nel mezzo della giornata e a mezzodí, mi trovavo e salii sulla piattaforma e balconata posteriore di un autobus e di un tram a cavalli autopropulso affollato e pressocché brulicante di umani viventi della linea S che va dalla Contrescarpe a Champerret. Vidi e rimarcai un giovinotto non anziano, assai ridicolo e non poco grottesco, dal collo magro e dalla gola scarnita, cordicella e laccetto intorno al feltro e cappello. Dopo uno spingi-spingi e un schiaccia-schiaccia, quello affermò e asserí con voce e tono lacrimoso e piagnucoloso che il suo vicino e sodale di viaggio s'intenzionava e s'ingegnava volontariamente e a bella posta di spingerlo e importunarlo ogni qual volta si scendesse uscendo o si salisse entrando. Questo detto e dopo aver aperto bocca, ecco che si precipita ed affanna verso uno scranno e sedile vergine e disoccupato.

Due ore dopo e centoventi minuti piú tardi, lo reincontro e lo ritrovo alla Cour de Rome a cospetto della Gare Saint-Lazare, mentre è e si trova con un amico e contubernale che gli insinua di, e lo incita a, far applicare e assicurare un bottone e bocciolo d'osso al suo mantello e ferraiuolo.

Nous étions quelques-uns à nous déplacer de conserve. Un jeune homme, qui n'avait pas l'air très intelligent, parla quelques instants avec un monsieur qui se trouvait à côté de lui, puis il alla s'asseoir. Deux heures plus tard, je le rencontrai de nouveau; il était en compagnie d'un camarade et parlait chiffons.

Non s'era in pochi a spostarci. Un tale, al di qua della maturità, e che non sembrava un mostro d'intelligenza, borbottò per un poco con un signore che a lato si sarebbe comportato in modo improprio. Poi si astenne e rinunciò a restar in piedi. Non fu certo il giorno dopo che mi avvenne di rivederlo: non era solo e si occupava di moda.

Métaphoriquement

Au centre du jour, jeté dans le tas des sardines voyageuses d'un coléoptère à l'abdomen blanchâtre, un poulet au grand cou déplumé harangua soudain l'une, paisible, d'entre elles et son langage se déploya dans les airs, humide d'une protestation. Puis, attiré par un vide, l'oisillon s'y précipita.

Dans un morne désert urbain, je le revis le jour même se faisant moucher l'arrogance pour un quelconque bouton.

Metaforicamente

Nel cuore del giorno, gettato in un mucchio di sardine passeggere d'un coleottero dalla grossa corazza biancastra, un pollastro dal gran collo spiumato, di colpo arringò la piú placida di quelle, e il suo linguaggio si librò nell'aria, umido di protesta. Poi, attirato da un vuoto, il volatile vi si precipitò. In un triste deserto urbano lo rividi il giorno stesso, che si faceva smoccicar l'arroganza da un qualunque bottone.

Rétrograde

Tu devrais ajouter un bouton à ton pardessus lui dit son ami. Je le rencontrai au milieu de la Cour de Rome, après l'avoir quitté se précipitant avec avidité vers une place assise. Il venait de protester contre la poussée d'un autre voyageur, qui, disait-il, le bousculait chaque fois qu'il descendait quelqu'un. Ce jeune homme décharné était porteur d'un chapeau ridicule. Cela se passa sur la plate-forme d'un S complet ce midi-là.

Retrogrado

Dovresti aggiungere un bottone al soprabito, gli disse l'amico. L'incontrai in mezzo alla Cour de Rome, dopo averlo lasciato mentre si precipitava avidamente su di un posto a sedere. Aveva appena finito di protestare per la spinta di un altro viaggiatore che, secondo lui, lo urtava ogni qualvolta scendeva qualcuno. Questo scarnificato giovanotto era latore di un cappello ridicolo. Avveniva sulla piattaforma di un S sovraffollato, di mezzogiorno.

Surprises

Ce que nous étions serrés sur cette plate-forme d'autobus! Et ce que ce garçon pouvait avoir l'air bête et ridicule! Et que fait-il? Ne le voilà-t-il pas qui se met à vouloir se quereller avec un bonhomme qui – prétendait-il! ce damoiseau! – le bousculait! Et ensuite il ne trouve rien de mieux à faire que d'aller vite occuper une place laissée libre! Au lieu de la laisser à une dame!

Deux heures après, devinez qui je rencontre devant la gare Saint-Lazare? Le même godelureau! En train de se faire donner des conseils vestimentaires! Par un camarade!

A ne pas croire!

Com'eravamo schiacciati su quella piattaforma! E come non era ridicolo e vanesio quel ragazzo! E che ti fa? Non si mette a discutere con un poveretto che – sai la pretesa, il giovinastro! – lo avrebbe spinto? E non ti escogita niente po po' di meno che andar svelto a occupare un posto libero? Invece di lasciarlo a una signora!

Due ore dopo, indovinate chi ti incontro davanti alla Gare Saint-Lazare? Ve la do' a mille da indovinare! Ma proprio lui, il bellimbusto! Che si faceva dar consigli di moda! Da un amico!

Stento ancora a crederci!

Il me semblait que tout fût brumeux et nacré autour de moi, avec des présences multiples et indistinctes, parmi lesquelles cependant se dessinait assez nettement la seule figure d'un homme jeune dont le cou trop long semblait annoncer déjà par lui-même le caractère à la fois lâche et rouspéteur du personnage. Le ruban de son chapeau était remplacé par une ficelle tressée. Il se disputait ensuite avec un individu que je ne voyais pas, puis, comme pris de peur, il se jetait dans l'ombre d'un couloir.

Une autre partie du rêve me le montre marchant en plein soleil devant la gare Saint-Lazare. Il est avec un compagnon qui lui dit: «Tu devrais faire ajouter un bouton à ton pardessus».

Là-dessus, je m'éveillai.

Sogno

Mi pareva che tutto intorno fosse brumoso e bianca-
stro tra presenze multiple e indistinte, tra le quali si
stagliava tuttavia abbastanza netta la figura di un uomo
giovane, il cui collo troppo lungo sembrava manifestar-
ne da solo il carattere vile e astioso. Il nastro del suo
cappello era sostituito da una cordicella intrecciata.
Poco dopo ecco che discuteva con un individuo che in-
travvedevo in modo impreciso e poi – come colto da
súbita paura – si gettava nell'ombra di un corridoio.

Un altro momento del sogno me lo mostra mentre
procede in pieno sole davanti alla Gare Saint-Lazare.
È con un amico che gli dice: «Dovresti fare aggiungere
un bottone al tuo soprabito».

A questo punto mi sono svegliato.

Lorsque viendra midi, tu te trouveras sur la plate-forme arrière d'un autobus où s'entasseront des voyageurs parmi lesquels tu remarqueras un ridicule jouvenceau: cou squelettique et point de ruban au feutre mou. Il ne se trouvera pas bien, ce petit. Il pensera qu'un monsieur le pousse exprès, chaque fois qu'il passe des gens qui montent ou descendent. Il le lui dira, mais l'autre ne répondra pas, méprisant. Et le ridicule jouvenceau, pris de panique, lui filera sous le nez, vers une place libre.

Tu le reverras un peu plus tard, Cour de Rome, devant la gare Saint-Lazare. Un ami l'accompagnera, et tu entendras ces paroles: «Ton pardessus ne croise pas bien; il faut que tu y fasses ajouter un bouton».

Pronostici

Quando verrà mezzogiorno ti troverai sulla piattaforma posteriore di un autobus dove si comprimeran-
no dei viaggiatori tra i quali tu noterai un ridicolo giovincello, collo scheletrico e nessun nastro intorno al
feltro molle. Non si sentirà a proprio agio, lo sciagura-
to. Penserà che un tale lo spinge a bella posta, ad ogni
passaggio di gente che sale e che scende. Glielo dirà,
ma l'altro, sdegnoso, non risponderà motto. Poi il ridicolo giovincello, preso dal panico, gli sfuggirà sotto
il naso, verso un posto vacante.

Lo rivedrai piú tardi, Cour de Rome, davanti alla
stazione di San Lazzaro. Un amico lo accompagnerà, e
udirai queste parole: «Il tuo soprabito non si chiude
bene, occorre che tu faccia aggiungere un bottone».

Ridicule jeune homme, que je me trouvai un jour
sur un autobus de la ligne S bondé par traction peut-
être cou allongé, au chapeau la cordelière, je remarquai un. Arrogant et larmoyant d'un ton, qui se trouve
à côté de lui, contre ce monsieur, proteste-t-il. Car il
le pousserait, fois chaque que des gens il descend. Libre il s'assoit et se précipite vers une place, cela dit.
Rome (Cour de) je le rencontre plus tard deux heures
à son pardessus un bouton d'ajouter un ami lui conseille.

Sinchisi

Ridicolo giovanotto che mi trovavo un giorno su di un autobus gremito della linea S, collo allungato, al cappello una cordicella, notai un. Arrogante e lagrimoso con un tono, che gli si trovava accanto, contro questo signore protesta lui. Perché lo spingerebbe, volta ogni gente che la scende ne. Libero siede si precipita un posto sopra, questo detto.

A Rome Cour de, io lo di nuovo incontro due dopo ore e un al suo soprabito bottone d'aggiungere un amico suggerisce gli.

Un jour, je me trouvai sur la plate-forme d'un autobus violet. Il y avait là un jeune homme assez ridicule: cou indigo, cordelière au chapeau. Tout d'un coup, il proteste contre un monsieur bleu. Il lui reproche notamment, d'une voix verte, de le bousculer chaque fois qu'il descend des gens. Cela dit, il se précipite, vers une place jaune, pour s'y asseoir.

Deux heures plus tard, je le rencontre devant une gare orangée. Il est avec un ami qui lui conseille de faire ajouter un bouton à son pardessus rouge.

Arcobaleno

Mi trovavo sulla piattaforma di un autobus violet-
to. V'era un giovane ridicolo, collo indaco, che prote-
stava contro un tizio blu. Gli rimproverava con voce
verde di spingerlo, poi si lanciava su di un posto giallo.

Due ore dopo, davanti a una stazione arancio. Un
amico gli dice di fare aggiungere un bottone al suo soprabito rosso.

Logo-rallye

(Dot, baïonnette, ennemi, chapelle, atmosphère, Bastille, correspondance).

Un jour, je me trouvai sur la plate-forme d'un autobus qui devait sans doute faire partie de la dot de
la fille de M. Mariage, qui présida aux destinées de la
T. C. R. P. Il y avait là un jeune homme assez ridicule,
non parce qu'il ne portait pas de baïonnette, mais parce
qu'il avait l'air d'en porter une tout en n'en portant
pas. Tout d'un coup ce jeune homme s'attaque à son
ennemi: un monsieur placé derrière lui. Il l'accuse notamment de ne pas se comporter aussi poliment que
dans une chapelle. Ayant ainsi tendu l'atmosphère, le
foutriquet va s'asseoir.

Deux heures plus tard, je le rencontre à deux ou trois
kilomètres de la Bastille avec un camarade qui lui conseillait de faire ajouter un bouton à son pardessus, avis
qu'il aurait très bien pu lui donner par correspondance.

Logo-rallye

(Istruzioni: inserire nel racconto le parole *dote*, *baionetta*, *nemico*, *cappella*, *atmosfera*, *Bastiglia*, *lettera*).

Un giorno mi trovavo sulla piattaforma di un autobus che faceva parte della dote comunale. C'era un giovanotto ridicolo, non perché portasse una baionetta, ma perché aveva l'aria di averla pur non avendola. All'improvviso, costui balza sul suo presunto nemico e lo accusa di comportarsi come non si dovrebbe in una cappella. E dopo aver reso l'atmosfera tesa, questo bischero va a sedersi.

Lo reincontro due ore dopo, non lontano dalla Bastiglia, con un amico che gli consiglia di far aggiungere un bottone al suo soprabito. Consiglio che avrebbe potuto dargli anche per lettera.

Je ne sais pas très bien où ça se passait... dans une église, une poubelle, un charnier? Un autobus peut-être? Il y avait là... mais qu'est-ce qu'il y avait donc là? Des œufs, des tapis, des radis? Des squelettes? Oui, mais avec encore leur chair autour, et vivants. Je crois bien que c'est ça. Des gens dans un autobus. Mais il y en avait un (ou deux?) qui se faisait re-marquer, je ne sais plus très bien par quoi. Par sa mé-galomanie? Par son adiposité? Par sa mélancolie? Mieux... plus exactement... par sa jeunesse ornée d'un long... nez? menton? pouce? non: cou, et d'un cha-peau étrange, étrange, étrange. Il se prit de que-relle, oui c'est ça, avec sans doute un autre voyageur (homme ou femme? enfant ou vieillard?). Cela se ter-mina, cela finit bien par se terminer d'une façon quel-conque, probablement par la fuite de l'un des deux adversaires.

Je crois bien que c'est le même personnage que je rencontrai, mais où? Devant une église? devant un charnier? devant une poubelle? Avec un camarade qui devait lui parler de quelque chose, mais de quoi? de quoi? de quoi?

Non so bene dove accadesse... in una chiesa, in una bara, in una cripta? Forse... su di un autobus. E c'era... Cosa diavolo c'era? Spade, omenòni, inchiostro simpatico? Forse... scheletri? Sí scheletri, ma ancora con la carne intorno, vivi e vegeti. Almeno, temo. Gente su di un autobus. Ma ce n'era uno (o erano due?) che si faceva notare, non vorrei dire per che cosa. Per la sua astuzia sorniona? Per la sua adipe sospetta? Per la sua melanconia? No, meglio – o piú precisamente – a causa della sua imprecisa immaturità, ornata di un lungo... naso... mento... alluce? No: collo. E un cappello strano, strano, strano. Si mise a litigare (sí, è cosí) senza dubbio con un altro passeggero (uomo o donna? bambino o vegliardo?). Poi finí – perché finí pure, in qualche modo o maniera – probabilmente perché uno dei due era scomparso...

Credo sia proprio lo stesso individuo quello che ho rivisto... ma dove? Davanti a una chiesa, a una cripta, a una bara? Con un amico che doveva certo parlargli di qualcosa, ma di che, di che, di che?

Précisions

A 12 h 17 dans un autobus de la ligne S, long de 10 mètres, large de 2,1, haut de 3,5, à 3 km 600 de son point de départ, alors qu'il était chargé de 48 personnes, un individu du sexe masculin, âgé de 27 ans 3 mois 8 jours, taille 1 m 72 et pesant 65 kg et portant sur la tête un chapeau haut de 17 centimètres dont la calotte était entourée d'un ruban long de 35 centimètres, interpelle un homme âgé de 48 ans, 4 mois 3 jours, taille 1 m 68 et pesant 77 kg, au moyen de 14 mots dont l'énonciation dura 5 secondes et qui faisaient allusion à des déplacements involontaires de 15 à 20 millimètres. Il va ensuite s'asseoir à quelque 2 m 10 de là.

118 minutes plus tard, il se trouvait à 10 mètres de la gare Saint-Lazare, entrée banlieue, et se promenait de long en large sur un trajet de 30 mètres avec un camarade âgé de 28 ans, taille 1 m 70 et pesant 71 kg qui lui conseilla en 15 mots de déplacer de 5 centimètres, dans la direction du zénith, un bouton de 3 centimètres de diamètre.

Precisazioni

Alle 12,17 in un autobus della linea S lungo 10 metri, largo 3, alto 3,5, a 3600 metri dal suo capolinea, carico di 48 persone, un individuo umano di sesso maschile, 27 anni, 3 mesi e 8 giorni, alto m 1,62 e pesante 65 chilogrammi, con un cappello (in capo) alto 17 centimetri, la calotta circondata da un nastro di 35 centimetri, interpella un uomo di 48 anni meno tre giorni, altezza 1,68, peso 77 chilogrammi, a mezzo parole 14 la cui enunciazione dura 5 secondi, facenti allusione a spostamenti involontari di quest'ultimo su di un arco di millimetri 15-20. Quindi il parlante si reca a sedere metri 2,10 piú in là.

Centodiciotto minuti piú tardi lo stesso parlante si trovava a 10 metri dalla Gare Saint-Lazare, entrata banlieue, e passeggiava in lungo e in largo su di un tragitto di metri 30 con un amico di 28 anni, alto 1,70, 57 chilogrammi, che gli consigliava in 15 parole di spostare di centimetri 5 nella direzione dello zenith un bottone d'osso di centimetri 3,5 di diametro.

Je n'étais pas mécontent de ma vêture, ce jourd'hui. J'inaugurais un nouveau chapeau, assez coquin, et un pardessus dont je pensais grand bien. Rencontré X devant la gare Saint-Lazare qui tente de gâcher mon plaisir en essayant de me démontrer que ce pardessus est trop échancré et que j'y devrais rajouter un bouton supplémentaire. Il n'a tout de même pas osé s'attaquer à mon couvre-chef.

Un peu auparavant, rembarré de belle façon une sorte de goujat qui faisait exprès de me brutaliser chaque fois qu'il passait du monde, à la descente ou à la montée. Cela se passait dans un de ces immondes autobi qui s'emplissent de populus précisément aux heures où je dois consentir à les utiliser.

Non ero proprio scontento del mio abbigliamento, oggi. Stavo inaugurando un cappello nuovo, proprio grazioso, e un soprabito di cui pensavo tutto il bene possibile. Incontro X davanti alla Gare Saint-Lazare che tenta di guastarmi la giornata provando a convincermi che il soprabito è troppo sciancrato e che dovrei aggiungervi un bottone in piú. Cara grazia che non ha avuto il coraggio di prendersela col mio copricapo.

Non ne avevo proprio bisogno, perché poco prima ero stato strigliato da un villan rifatto che ce la metteva tutta per brutalizzarmi ogni qual volta i passeggeri scendevano o salivano. E questo in una di quelle immonde bagnarole che si riempiono di plebaglia proprio all'ora in cui debbo umiliarmi a servirmene.

Autre subjectivité

Il y avait aujourd'hui dans l'autobus à côté de moi, sur la plate-forme, un de ces morveux comme on n'en fait guère, heureusement, sans ça je finirais par en tuer un. Celui-là, un gamin dans les vingt-six, trente ans, m'irritait tout spécialement non pas tant à cause de son grand cou de dindon déplumé que par la nature du ruban de son chapeau, ruban réduit à une sorte de ficelle de teinte aubergine. Ah! le salaud! Ce qu'il me dégoûtait! Comme il y avait beaucoup de monde dans notre autobus à cette heure-là, je profitais des bousculades qui ont lieu à la montée ou à la descente pour lui enfoncer mon coude entre les côtelettes. Il finit par s'esbigner lâchement avant que je me décide à lui marcher un peu sur les arpions pour lui faire les pieds. Je lui aurais dit aussi, afin de le vexer, qu'il manquait un bouton à son pardessus trop échancré.

Altro aspetto soggettivo

C'era oggi sull'autobus, proprio accanto a me, sulla piattaforma, un mocciosetto come pochi – e per fortuna, che son pochi, altrimenti un giorno o l'altro ne strozzo qualcuno. Ti dico, un monellaccio di venticinque o trent'anni, e m'irritava non tanto per quel suo collo di tacchino spiumato, quanto per la natura del nastro del cappello, ridotto a una cordicella color singhiozzo di pesce. Il mascalzoncello gaglioffo!

Bene, c'era abbastanza gente a quell'ora, e ne ho approfittato: non appena la gente che scendeva e saliva faceva un po' di confusione, io tac, gli rifilavo il gomito tra le costolette. Ha finito per darsela a gambe, il vigliacco, prima che mi decidessi a premere il pedale sui suoi fettoni e a ballargli il tip tap sugli allucini santi suoi! E se reagiva gli avrei detto, tanto per metterlo a disagio, che al suo soprabito troppo attillato mancava un bottoncino. Tiè!

Un jour vers midi du côté du parc Monceau, sur la plate-forme arrière d'un autobus à peu près complet de la ligne S (aujourd'hui 84), j'aperçus un personnage au cou fort long qui portait un feutre mou entouré d'un galon tressé au lieu de ruban. Cet individu interpella tout à coup son voisin en prétendant que celui-ci faisait exprès de lui marcher sur les pieds chaque fois qu'il montait ou descendait des voyageurs. Il abandonna d'ailleurs rapidement la discussion pour se jeter sur une place devenue libre.

Deux heures plus tard, je le revis devant la gare Saint-Lazare en grande conversation avec un ami qui lui conseillait de diminuer l'échancrure de son pardessus en en faisant remonter le bouton supérieur par quelque tailleur compétent.

Svolgimento

Ieri la signora maestra ci ha portato a fare la con-
sueta gita in autobus (linea S) per fare interessanti
esperienze umane e capire meglio i nostri simili. Abbiamo socializzato con un signore molto buffo dal collo molto lungo che portava un cappello molto strano
con una cordicella attorno. Questo signore non si è
comportato in modo molto educato perché ha litigato
con un altro signore che lo spingeva, ma poi ha avuto
paura di prendersi un bel ceffone ed è andato a sedersi su un posto libero. Questo episodio ci insegna che
non bisogna mai perdere il controllo di noi stessi e
che, se sappiamo comprenderci l'un l'altro perdonan-
doci reciprocamente i nostri difetti, dopo ci sentiremo
molto piú buoni e non faremo brutte figure.

Due ore piú tardi abbiamo incontrato lo stesso signore col collo lungo che parlava davanti a una stazione grandissima con un amico, il quale gli diceva delle
cose a proposito del suo cappottino.

La signora maestra ci ha fatto osservare che questo episodio è stato molto istruttivo perché ci ha in-
segnato che nella vita accadono molte coincidenze cu-
riose e che dobbiamo osservare con interesse le persone che incontriamo perché potremmo poi reincontrar-
le in altra occasione.

Composition de mots

Je plate-d'autobus-formais co-foultitudinairement dans un espace-temps lutécio-méridiennal et voisinais avec un longicol tresseautourduchapeauté morveux. Lequel dit à un quelconquanonyme: «Vous me bousculapparaissez». Cela éjaculé, se placelibra voracement. Dans une spatiotemporalité postérieure, je le revis qui placesaintlazarait avec un X qui lui disait: tu devrais boutonsupplémenter ton pardessus. Et il pourquexpliquait la chose.

Parole composte

In una trafficora mi buspiattaformavo comultitudinariamente in uno spaziotempo luteziomeridiano coitinerando con un lungicollo floscincappucciato e nastrocordicellone, il quale appellava un tiziocaiosempronio altavociando che lo piedipremesse. Poscia si rapidosedilizzò.

In una posteroeventualità lo rividi stazioncellonlazzarizzante con un caiotizionio impertinentementenunciante l'esigenza di una bottonelevazione paltosupplementante. E gli perchépercomava.

Ce n'était ni un bateau, ni un avion, mais un moyen de transport terrestre. Ce n'était ni le matin, ni le soir, mais midi. Ce n'était ni un bébé, ni un vieillard, mais un homme jeune. Ce n'était ni un ruban, ni une ficelle, mais du galon tressé. Ce n'était ni une procession, ni une bagarre, mais une bousculade. Ce n'était ni un aimable, ni un méchant, mais un rageur. Ce n'était ni une vérité, ni un mensonge, mais un prétexte. Ce n'était ni un debout, ni un gisant, mais un voulant-être assis.

Ce n'était ni la veille, ni le lendemain, mais le jour même. Ce n'était ni la gare du Nord, ni la gare de Lyon mais la gare Saint-Lazare. Ce n'était ni un parent, ni un inconnu, mais un ami. Ce n'était ni une injure, ni une moquerie, mais un conseil vestimentaire.

No, non era uno scivolo e neppure un velivolo ma un automezzo, di trasporto terrestre. Non era sera, non era mattina, era – diciamo – mezzogiorno. Lui non era un infante o un ottuagenario, ma un giovanotto. Non era un nastro, né una cordicella, ma un gallone a treccia.

Non c'era processione né piana altercazione ma grande confusione e lui non era ligio né malvagio ma un po' mogio, non svelava né fatti né misfatti ma pretesti rifritti. Non ritto sul suo piede ma come un che siede.

Non ieri, non domani, il giorno stesso. Né alla Gare du Nord né alla Gare de Lyon: la Gare, era Saint-Lazare. Non era con parenti o con serpenti, ma con uno dei suoi conoscenti. Che non l'insultava né lo lodava ma gli suggeriva – circa il cappotto che portava.

Animisme

Un chapeau mou, brun, fendu, les bords baissés, la forme entourée d'une tresse de galon, un chapeau se tenait parmi les autres, tressautant seulement des inégalités du sol transmises par les roues du véhicule automobile qui le transportait, lui le chapeau. A chaque arrêt, les allées et venues des voyageurs lui donnaient des mouvements latéraux parfois assez prononcés, ce qui finit par le fâcher, lui le chapeau. Il exprima son ire par l'intermédiaire d'une voix humaine à lui rattachée par une masse de chair structuralement disposée autour d'une quasi-sphère osseuse perforée de quelques trous qui se trouvait sous lui, lui le chapeau. Puis il alla soudain s'asseoir, lui le chapeau.

Une ou deux heures plus tard, je le revis se déplaçant à quelque un mètre soixante-six au-dessus du sol et de long en large devant la gare Saint-Lazare, lui le chapeau. Un ami lui conseillait de faire ajouter un bouton supplémentaire à son pardessus... un bouton supplémentaire... à son pardessus... lui dire ça... à lui... lui le chapeau.

Un cappello floscio, bruno, con una fenditura, dai bordi abbassati, la forma circondata da una treccia come un cordoncino militare, un cappello stava ritto tra gli altri, sussultando appena per le asperità del suolo trasmesse alle ruote del veicolo automobile che lo trasportava, lui – il cappello. A ogni fermata l'andirivieni dei passeggeri gli imprimeva movimenti laterali, talora assai pronunciati, il che finí per irritarlo, lui – il cappello. Egli espresse la propria ira attraverso una voce umana che gli era collegata da una massa di carne strutturalmente disposta intorno a una sorta di sfera ossea perforata da alcuni buchi e che si trovava sotto di lui, lui – il cappello. Una o due ore dopo lo rividi che deambulava a circa un metro e sessantasei da terra, in lungo e in largo, davanti alla Gare Saint-Lazare, lui – il cappello. Un amico lo consigliava di far aggiungere un bottone supplementare al suo soprabito... un bottone supplementare... al suo soprabito... lui dire cosí... a lui – il cappello.

Anagrammes

Dans l'S à une rhuee d'effluenca un pety dans les stingvix nas, qui tavia un drang ouc miagre et un peaucha nigar d'un drocon au lieu ed nubar, se pisaduit avec un treau guervayo qu'il cacusait de le suboculer neovalotriment. Ayant ainsi nulripecher, il se ciréppite sur une cepal rilbe.

Une huree plus drat, je le conterne à la Cuor ed More, devant la rage Tsian-Zalare. Il étiat avec un dacamare qui lui sidait: «Tu verdais fiare temter un toubon plusplémentiare à ton sessudrap». Il lui tromnai où (à l'échancrure).

Anagrammi

«Ve' ir un rognoso, sal rozzo e lungo», fa tipa morta, e strepita di uno suo busto. Vidi un gatto novo lungi dallo loco, con un calleppo incrodato ad una ceccodrilla Caterina, tic!

Egli fa top rosoli, ciò su vino, prendendo tè. Chiuse: toc! Fecava a stoppa sterpaglia. O Edipidi Afagonii, trema!

Poi, da me rimante bobaglie, donna cinesa lussidò, per sagitter su di uno stop ir belò. A qual ori dirò che vil, rapidi tu natavi dalla zia Steno Zeltir, sana, in gran conservazione. Checcon (op!) un mango gli suggeva. Ridi, frasi rare un poco. Bettole son su porto di Olbia.

Distinguo

Dans un autobus (qu'il ne faut pas prendre pour un autre obus), je vis (et pas avec une vis) un personnage (qui ne perd son âge) coiffé d'un chapeau (pas d'une peau de chat) cerné d'un fil tressé (et non de tril fessé). Il possédait (et non pot cédait) un long cou (et pas un loup con). Comme la foule se bousculait (non que la boule se fousculât), un nouveau voyageur (et non un veau nouillageur) déplaça le susdit (et non suça ledit plat). Cestuy râla (et non cette huître hala), mais voyant une place libre (et non ployant une vache ivre) s'y précipita (et non si près s'y piqua).

Plus tard je l'aperçus (non pas gel à peine su) devant la gare Saint-Lazare (et non là où l'hagard ceint le hasard) qui parlait avec un copain (il n'écopait pas d'un pralin) au sujet d'un bouton de son manteau (qu'il ne faut pas confondre avec le bout haut de son menton).

Distinguo

Un bel dí sul torpedone (non la torre col pedone) scorsi (ma non preteriti) un tipo (non un carattere a stampa) ovvero un giovinotto (che non era un sette da poco cresciuto), munito (sí, ma non scimunito) di un cappello incoronato (non incornato) da un gallone (non di birra), e con un lunghissimo collo (non postale).

Costui si mette ad apostrofare (ma non a virgolettare) un passeggero (a cui però non vende almanacchi) e lo accusa (anche se non è un dolore) di pestargli i piedi (non del verso) ad ogni fermata (che non è una ragazza caduta in una retata).

Poi la smette di protestare (ma le cambiali non c'entrano) e si lancia (non motovedetta) su di un posto libero (che non è in alternativa al posto stopper).

Due ore dopo lo ritrovo (non nel senso di club) alla stazione Saint-Lazare (che non è un luogo per appestati), dove un tale (che non è un racconto inglese) gli dà il consiglio (non d'amministrazione) di soprelevare (senza bisogno di permessi edilizi) un bottone (ma non nel senso di un enorme contenitore di frassino per liquidi fermentati).

Homéotéleutes

Un jour de canicule sur un véhicule où je circule, gesticule un funambule au bulbe minuscule, à la mandibule en virgule et au capitule ridicule. Un somnambule l'accule et l'annule, l'autre articule: «crapule», mais dissimule ses scrupules, recule, capitule et va poser ailleurs son cul.

Une hule aprule, devant la gule Saint-Lazule je l'aperçule qui discule à propos de boutules, de boutules de pardessule.

Omoteleuti

Non c'era venticello e sopra un autobello che andava a vol d'uccello incontro un giovincello dal volto furboncello con acne e pedicello ed un cappello, tutto avviluppatello da un buffo funicello. Un altro cialtroncello gli dà uno spintoncello ed uno schiacciatello sull'occhio pernicello e quello – furiosello – gli grida «moscardello!»; quindi iracondello gli fa uno spalloncello, gli mostra il culatello, e va a seder bel bello su un sedello.

Passato un tempicello, proprio allo stazioncello del santo Lazariello, in lui m'imbattoncello che riceve un appello affinché un bottoncello infigga nell'avello del mantello.

* * *

Un giorno d'estate, tra genti pestate come patate su auto non private, vedo un ebète, le gote devastate, le nari dilatate, i denti alla Colgate, e un cappello da abate con le corde intrecciate. Un di razze malnate, con le mani sudate, le ciglia corrugate, gli dà delle mazzate sulle reni inarcate, e il primo, come un vate, con frasi apostrofate, gli grida «ma badate! E andate a prendervi a sassate!» Poi si gira a spallate, e ha già posate le natiche ingrassate.

Due ore son passate e, ci credate? Lo trovo alla staziate San Lazate, che discate con un idiate di cose abbottonate e sbottonate.

45

Lettre officielle

J'ai l'honneur de vous informer des faits suivants dont j'ai pu être le témoin aussi impartial qu'horrifié.

Ce jour même, aux environs de midi, je me trouvais sur la plate-forme d'un autobus qui remontait la rue de Courcelles en direction de la place Champerret. Ledit autobus était complet, plus que complet même, oserai-je dire, car le receveur avait pris en surcharge plusieurs impétrants, sans raison valable et mû par une bonté d'âme exagérée qui le faisait passer outre aux règlements et qui, par suite, frisait l'indulgence. A chaque arrêt, les allées et venues des voyageurs descendants et montants ne manquaient pas de provoquer une certaine bousculade qui incita l'un de ces voyageurs à protester, mais non sans timidité. Je dois dire qu'il alla s'asseoir dès que la chose fut possible.

J'ajouterai à ce bref récit cet addendum: j'eus l'occasion d'apercevoir ce voyageur quelque temps après en compagnie d'un personnage que je n'ai pu identifier. La conversation qu'ils échangeaient avec animation semblait avoir trait à des questions de nature esthétique.

Étant donné ces conditions, je vous prie de vouloir bien, Monsieur, m'indiquer les conséquences que je dois tirer de ces faits et l'attitude qu'ensuite il vous semblera bon que je prenne dans la conduite de ma vie subséquente.

Dans l'attente de votre réponse, je vous assure, Monsieur, de ma parfaite considération empressée au moins.

Lettera ufficiale

Ho l'onore di informare la S.V. dei fatti sotto esposti di cui ho potuto essere testimone tanto imparziale quanto orripilato. In questa stessa giornata, verso mezzogiorno, mi trovavo sulla piattaforma di un autobus che andava da rue de Courcelles verso place Champerret. Detto autobus era pieno, anzi piú che pieno, oso dire, perché il bigliettario aveva accolto un sovraccarico di numerosi postulanti, senza valide ragioni e mosso da una eccessiva bontà d'animo che lo portava oltre i limiti imposti dal regolamento e che pertanto rasentava il favoritismo. A ogni fermata il movimento bidirezionale dei passeggeri in salita e in discesa non mancava di provocare una certa ressa tale da incitare uno di detti passeggeri a protestare, anche se con qualche timidezza. Devo riconoscere che detto passeggero andava a sedersi non appena rilevatane la possibilità.

Mi si consenta di aggiungere al mio breve esposto un particolare degno di qualche rilievo: ho avuto l'occasione di riconoscere il sopra menzionato passeggero qualche tempo dopo in compagnia di un personaggio non meglio identificato. La conversazione intrapresa dai due con animazione sembrava vertere su questioni di natura estetica.

In considerazione di quanto sopra descritto prego la S.V. di voler cortesemente indicarmi le conseguenze che debbo trarre dai fatti elencati e l'atteggiamento che Ella riterrà opportuno che io assuma per quanto concerne la mia successiva condotta. Nell'attesa di un cortese riscontro assicuro alla S.V. i sensi della mia profonda considerazione e mi dico con osservanza... ecc. ecc.

Prière d'insérer

Dans son nouveau roman, traité avec le brio qui lui est propre, le célèbre romancier X, à qui nous devons déjà tant de chefs-d'œuvre, s'est appliqué à ne mettre en scène que des personnages bien dessinés et agissant dans une atmosphère compréhensible par tous, grands et petits. L'intrigue tourne donc autour de la rencontre dans un autobus du héros de cette histoire et d'un personnage assez énigmatique qui se querelle avec le premier venu. Dans l'épisode final, on voit ce mystérieux individu écoutant avec la plus grande attention les conseils d'un ami, maître en dandysme. Le tout donne une impression charmante que le romancier X a burinée avec un rare bonheur.

Chi ha detto che il romanzo è morto? In questo nuovo e travolgente racconto l'autore, di cui i lettori ricorderanno l'avvincente «Le scarpe slacciate», fa rivivere con asciutto e toccante realismo dei personaggi a tutto tondo che si muovono in una vicenda di tesa drammaticità, sullo sfondo di lancinante pulsioni collettive. La trama ci parla di un eroe, allusivamente indicato come il Passeggero, che una mattina si imbatte in un enigmatico personaggio, a sua volta coinvolto in un duello mortale con uno sconosciuto. Nella allucinante scena finale, ritroviamo il misterioso personaggio dell'inizio che ascolta con assorta attenzione i consigli di un ambiguo esteta.

Un romanzo che è al tempo stesso di azione e di stranite atmosfere, una storia di terso e spietato vigore, un libro che non vi lascierà dormire.

Onomatopées

Sur la plate-forme, pla pla pla, d'un autobus, teuff teuff teuff, de la ligne S (pour qui sont ces serpents qui sifflent sur), il était environ midi, ding din don, ding din don, un ridicule éphèbe, proüt, proüt, qui avait un de ces couvre-chefs, phui, se tourna (virevolte, virevolte) soudain vers son voisin d'un air de colère, rreuh, rreuh, et lui dit, hm hm: «Vous faites exprès de me bousculer, monsieur». Et toc. Là-dessus, vroutt, il se jette sur une place libre et s'y assoit, boum.

Ce même jour, un peu plus tard, ding din don, ding din don, je le revis en compagnie d'un autre éphèbe, proüt, proüt, qui lui causait bouton de pardessus (brr, brr, brr, il ne faisait donc pas si chaud que ça...).

Et toc.

Onomatopee

A boarrrdo di un auto (bit bit, pot pot!) bus, bus-sante, sussultante e sgangherato della linea S, tra stru-sci e strisci, brusii, borbottii, borrrborigmi e pissi pissi bao bao, era quasi mezzodin-dong-ding-dong, ed ecco-co, cocoricò un galletto col paltò (un Apollo col ca-pello a palla di pollo) che frrr! piroetta come un vvor-tice vverso un tizio e rauco ringhia abbaiando e spu-tacchiando «grr grr, arf arf, harffinito di farmi ping pong?!»
Poi guizza e sguazza (plaffete) su di un sedile e sooossspiiira rilasssato.
Al rintocco e allo scampanar della sera, ecco-co co-coricò il galletto che (bang!) s'imbatte in un tale bal-bettante che farfuglia del botton del paletò. Toh! Brrrr, che brrrividi!!!

Autobus.

Plate-forme.

Plate-forme d'autobus. C'est le lieu.

Midi.

Environ.

Environ midi. C'est le temps.

Voyageurs.

Querelle.

Une querelle de voyageurs. C'est l'action.

Homme jeune.

Chapeau. Long cou maigre.

Un jeune homme avec un chapeau et un galon tressé autour. C'est le personnage principal.

Quidam.

Un quidam.

Un quidam. C'est le personnage second.

Moi.

Moi.

Moi. C'est le tiers personnage. Narrateur.

Mots.

Mots.

Mots. C'est ce qui fut dit.

Place libre.

Place occupée.

Une place libre ensuite occupée. C'est le résultat.

La gare Saint-Lazare.

Une heure plus tard.

Analisi logica

Autobus
Piattaforma.
Piattaforma d'autobus. Il luogo.
Mezzogiorno.
Verso.
Verso mezzogiorno. Il tempo.
Passeggeri.
Litigio.
Litigio di passeggeri. Azione.
Giovanotto.
Cappello collo magro.
Un giovanotto col cappello di gallone a treccia. Il
    soggetto.
Un tale.
Un tale. Antagonisti.
Io.
Io.
Io. Il narratore.
Parole.
Parole.
Parole. L'argomento.
Posto libero.
Posto occupato.
Un posto libero viene occupato. Risultato.
Stazione.
Un'ora dopo.

Un ami.
Un bouton.
Autre phrase entendue. C'est la conclusion.
Conclusion logique.

Un amico.
Un bottone. È la conclusione.
Conclusione logica.

Un jour, vers midi, je montai dans un autobus presque complet de la ligne S. Dans un autobus presque
complet de la ligne S, il y avait un jeune homme assez ridicule. Je montais dans le même autobus que
lui, et ce jeune homme, monté avant moi dans ce même
autobus de la ligne S, presque complet, vers midi, portait sur la tête un chapeau que je trouvai bien ridicule,
moi qui étais monté dans le même autobus que ce
jeune homme, sur la ligne S, un jour, vers midi.

Ce chapeau était entouré d'une sorte de galon tressé comme celui d'une fourragère, et le jeune homme
qui le portait, ce chapeau – et ce galon –, se trouvait
dans le même autobus que moi, un autobus presque
complet parce qu'il était midi; et, sous ce chapeau,
dont le galon imitait une fourragère, s'allongeait un
visage suivi d'un long, long cou. Ah! qu'il était long
le cou de ce jeune homme qui portait un chapeau entouré d'une fourragère, sur un autobus de la ligne S,
un jour vers midi.

La bousculade était grande dans l'autobus qui nous
transportait vers le terminus de la ligne S, un jour vers
midi, moi et ce jeune homme qui plaçait un long cou
sous un chapeau ridicule. Des heurts qui se pro-
duisaient résulta soudain une protestation, protestation qui émana de ce jeune homme qui avait un si long
cou sur la plate-forme d'un autobus de la ligne S, un
jour vers midi.

Il y eut une accusation formulée d'une voix mouil-

Un giorno, verso mezzogiorno, salii su di un autobus quasi pieno della linea S. Su di un autobus quasi
completo della linea S c'era un giovanotto piuttosto
ridicolo. Io salii sullo stesso autobus di costui, di questo giovanotto, salito prima di me su questo stesso autobus della linea S, quasi completo, verso mezzogiorno, portando in testa un cappello che trovai assai ridicolo, io che mi trovavo sullo stesso autobus su cui stava lui, sulla linea S, un giorno, verso mezzogiorno.
   Questo cappello era avvolto come da una sorta di
gallone, di cordoncino intrecciato di tipo militare, e il
giovanotto che lo portava, con questa cordicella – o
gallone – si trovava sul mio stesso autobus, un autobus quasi pieno perché era mezzogiorno; e sotto questo cappello, il cui nastro imitava una cordicella di tipo militare, si stendeva una faccia seguita da un lungo collo, un lungo, lungo collo. Ah! come era lungo il
collo di quel giovanotto che portava il cappello circondato da un cordoncino su un autobus della linea S, un
giorno verso mezzogiorno.
   Si spingevano tutti sull'autobus che ci trasportava
verso il capolinea della linea S, un giorno verso mezzogiorno, io e quel giovanotto che teneva un collo lungo
sotto un cappello ridicolo. Dagli spintoni che ne con-
seguivano ne nacque di colpo una protesta, protesta
che emanò da quel giovanotto che aveva un collo cosí
lungo sulla piattaforma di un autobus della linea S, un
giorno verso mezzogiorno.
   Vi fu un momento di accusa formulata con voce

lée de dignité blessée, parce que sur la plate-forme d'un autobus S, un jeune homme avait un chapeau muni d'une fourragère tout autour, et un long cou; il y eut aussi une place vide tout à coup dans cet autobus de la ligne S presque complet parce qu'il était midi, place qu'occupa bientôt le jeune homme au long cou et au chapeau ridicule, place qu'il convoitait parce qu'il ne voulait plus se faire bousculer sur cette plate-forme d'autobus, un jour, vers midi.

Deux heures plus tard, je le revis devant la gare Saint-Lazare, ce jeune homme que j'avais remarqué sur la plate-forme d'un autobus de la ligne S, ce jour même, vers midi. Il était avec un compagnon de son acabit qui lui donnait un conseil relatif à certain bouton de son pardessus. L'autre l'écoutait attentivement. L'autre, c'est ce jeune homme qui avait une fourragère autour de son chapeau, et que je vis sur la plate-forme d'un autobus de la ligne S, presque complet, un jour, vers midi.

umida di dignità offesa, perché sulla piattaforma di un autobus S un giovanotto aveva un cappello munito di un cordoncino tutto intorno, e un collo lungo; ci fu anche un posto libero di colpo su di quell'autobus della linea S quasi pieno perché era mezzogiorno, posto che subito occupò il giovanotto dal collo lungo e dal cappello ridicolo, posto che egli concupiva perché non voleva farsi spingere su questa piattaforma d'autobus, un giorno, verso mezzogiorno.

Due ore dopo lo rividi davanti alla Gare Saint-Lazare, questo giovanotto che avevo notato sulla piattaforma di un autobus della linea S, il giorno stesso, verso mezzogiorno. Era con un camerata della sua risma che gli stava dando un consiglio circa un certo bottone del suo soprabito. L'altro ascoltava con attenzione. L'altro, quel giovanotto che aveva un cordoncino intorno al suo cappello, e che avevo visto sulla piattaforma di un autobus della linea S, quasi pieno, un giorno, verso mezzogiorno.

Moi, je ne sais pas ce qu'on me veut. Oui, j'ai pris l'S vers midi. Il y avait du monde? Bien sûr, à cette heure-là. Un jeune homme avec un chapeau mou? C'est bien possible. Moi, je n'examine pas les gens sous le nez. Je m'en fous. Une espèce de galon tressé? Autour du chapeau? Je veux bien que ça soit une curiosité, mais moi, ça ne me frappe pas autrement. Un galon tressé... Il s'aurait querellé avec un autre monsieur? C'est des choses qu'arrivent.

Et ensuite je l'aurais de nouveau revu une heure ou deux plus tard? Pourquoi pas? Il y a des choses encore plus curieuses dans la vie. Ainsi, je me souviens que mon père me racontait souvent que...

Io proprio non so cosa vogliono da me. Va bene, ho preso la S verso mezzogiorno. Se c'era gente? Certo, a quell'ora. Un giovanotto dal cappello floscio? Perché no? Io vado mica a guardare la gente nelle palle degli occhi. Io me ne sbatto. Dice, una specie di cordoncino intrecciato? Intorno al cappello? Capisco, una curiosità come un'altra, ma io queste cose non le noto. Un cordoncino... Boh. E avrebbe litigato con un altro signore? Cose che capitano.

E dovrei averlo rivisto dopo, un'ora o due piú tardi? Non posso negarlo. Capita ben altro nella vita. Guardi, mi ricordo che mio padre mi raccontava sempre che...

Je suis monté dans l'autobus de la porte Champerret. Il y avait beaucoup de monde, des jeunes, des vieux, des femmes, des militaires. J'ai payé ma place et puis j'ai regardé autour de moi. Ce n'était pas très intéressant. J'ai quand même fini par remarquer un jeune homme dont j'ai trouvé le cou trop long. J'ai examiné son chapeau et je me suis aperçu qu'au lieu d'un ruban il y avait un galon tressé. Chaque fois qu'un nouveau voyageur est monté il y a eu de la bousculade. Je n'ai rien dit, mais le jeune homme au long cou a tout de même interpellé son voisin. Je n'ai pas entendu ce qu'il lui a dit, mais ils se sont regardés d'un sale œil. Alors, le jeune homme au long cou est allé s'asseoir précipitamment.

En revenant de la porte Champerret, je suis passé devant la gare Saint-Lazare. J'ai vu mon type qui discutait avec un copain. Celui-ci a désigné du doigt un bouton juste au-dessus de l'échancrure du pardessus. Puis l'autobus m'a emmené et je ne les ai plus vus. J'étais assis et je n'ai pensé à rien.

Sono salito sull'autobus della porta Champerret. C'era molta gente, dei giovani, dei vecchi, delle donne, dei militari. Ho pagato e mi sono guardato intorno. Non c'è stato nulla che ho dovuto rilevare. Ho però finito per notare un giovinotto il cui collo m'è parso troppo lungo. Ho esaminato il suo cappello e mi sono accorto che invece del nastro vi avevano messo una treccia. Ogni qualvolta qualcuno è salito vi è stata alquanta confusione. Non ho detto nulla ma il giovane dal collo lungo ha interpellato il suo vicino. Non ho inteso bene che cosa gli ha detto ma si sono guardati in cagnesco. Quindi il giovanotto dal collo lungo è andato precipitosamente a sedersi.

Sono poi tornato dalla porta Champerret e sono passato dalla Gare Saint-Lazare e quivi ho visto il mio tipo che ha discusso con un amico. Costui gli ha indicato un bottone proprio sopra la sciancratura del soprabito. Poi l'autobus mi ha trascinato via e non l'ho piú visto. Non ho pensato piú a nulla.

A midi, la chaleur s'étale autour des pieds des voyageurs d'autobus. Que, placée sur un long cou, une tête stupide, ornée d'un chapeau grotesque vienne à s'enflammer, aussitôt pète la querelle. Pour foirer bien vite d'ailleurs, en une atmosphère lourde pour porter encore trop vivantes de bouche à oreille, des injures définitives. Alors, on va s'asseoir à l'intérieur, au frais.

Plus tard peuvent se poser, devant des gares aux cours doubles, des questions vestimentaires, à propos de quelque bouton que des doigts gras de sueur tripotent avec assurance.

Presente

Mezzogiorno, calore che si spande intorno ai piedi dei passeggeri d'autobus. Come posta su un lunghissimo collo, una stupida testa, ornata da un cappello grottesco, subito s'infiamma ed ecco che di colpo esplode la rissa. Si dà subito la stura a ingiurie definitive, in una atmosfera pesante. Cosí che poi ci si va a sedere dentro, al fresco.

Piú tardi possono anche porsi, presso a stazioni dal doppio binario, questioni vestimentarie a proposito di qualche bottone, che dita grasse di sudore palpeggiano con sicurezza.

Passé simple

Ce fut midi. Les voyageurs montèrent dans l'autobus. On fut serré. Un jeune monsieur porta sur sa tête un chapeau entouré d'une tresse, non d'un ruban. Il eut un long cou. Il se plaignit auprès de son voisin des heurts que celui-ci lui infligea. Dès qu'il aperçut une place libre, il se précipita vers elle et s'y assit.

Je l'aperçus plus tard devant la gare Saint-Lazare. Il se vêtit d'un pardessus et un camarade qui se trouva là lui fit cette remarque: il fallut mettre un bouton supplémentaire.

Fu a mezzogiorno. Salirono sull'autobus, e fu subito ressa. Un giovin signore portò sul capo un cappello, che avvolse d'una treccia. Non fu nastro. Ebbe collo lunghissimo, e il vidi. E subito si dolse con un vicin, per gli urti che gl'inflisse. Come uno spazio scorse, libero, vi si diresse. E s'assise.

Piú tardi il ritrovai, alla stazione che Lazzaro protesse. S'abbigliò di un mantello ed un famiglio, che l'affrontò, qualche motto gli disse, indi aggiungervi un bottone in piú, d'uopo fu.

Imparfait

C'était midi. Les voyageurs montaient dans l'auto-bus. On était serré. Un jeune monsieur portait sur sa tête un chapeau qui était entouré d'une tresse et non d'un ruban. Il avait un long cou. Il se plaignait auprès de son voisin des heurts que ce dernier lui infligeait. Dès qu'il apercevait une place libre, il se précipitait vers elle et s'y asseyait.

Je l'apercevais plus tard, devant la gare Saint-La-zare. Il se vêtait d'un pardessus et un camarade qui se trouvait là lui faisait cette remarque: il fallait mettre un bouton supplémentaire.

Era mezzogiorno. I passeggeri salivano e tutti erano gomito a gomito. Un giovane signore portava in testa un feltro, che era avviluppato da una treccia, e non era nastro. Lungo aveva il collo. E si lamentava col vicino, per le spinte che quello gli infliggeva. Ma come vedeva libero un posto, vi si buttava rapido, ed ivi si sedeva.

Lo ritrovavo poco dopo, davanti alla stazione che era detta Saint-Lazare, ove s'abbigliava di un soprabito, e un amico gli diceva che si doveva, si doveva mettere un bottone piú in alto di dove prima stava.

Alexandrins

Un jour, dans l'autobus qui porte la lettre S,
Je vis un foutriquet de je ne sais quelle es-
Pèce qui râlait bien qu'autour de son turban
Il y eût de la tresse en place de ruban.
Il râlait ce jeune homme à l'allure insipide,
Au col démesuré, à l'haleine putride,
Parce qu'un citoyen qui paraissait majeur
Le heurtait, disait-il, si quelque voyageur
Se hissait haletant et poursuivi par l'heure
Espérant déjeuner en sa chaste demeure.
Il n'y eut point d'esclandre et le triste quidam
Courut vers una place et s'assit sottement.
Comme je retournais direction rive gauche
De nouveau j'aperçus ce personnage moche
Accompagné d'un zèbre, imbécile dandy,
Qui disait: «Ce bouton faut pas le mettre icy».

Canzone

Sulla pedana d'autobus antica
pollastro solitario sopra l'Esse
sussulti e vai, nel pieno mezzogiorno,
il collo lungo come lunga calle.
Al cappello d'intorno
brilla una treccia che un gallone tesse
si che al vederla mi s'aggriccia il core.
Odo costui belar con gran lamenti
e dir dei suoi scontenti e di sue pene
a un tizio che gl'infligge gran martíri.
Basta che quei poi gelido lo miri,
ed ecco con gran voli
il pollastro s'assiede a larghi passi,
s'insinua, e scarsi spassi
si concede, quel collo lungo in fiore.
Ohibò, che parapiglia!
Né lo scordo e l'oblio:
ben tosto lo ravviso
lontan dalla Bastiglia,
passante, io non so come,
e un esteta assai strano
rimiro di lontano
che un botton gli consiglia, verso sera,
di spostare al paltò di primavera...

Polyptotes

Je montai dans un autobus plein de contribuables qui donnaient des sous à un contribuable qui avait sur son ventre de contribuable une petite boîte qui contribuait à permettre aux autres contribuables de continuer leur trajet de contribuables. Je remarquai dans cet autobus un contribuable au long cou de contribuable et dont la tête de contribuable supportait un chapeau mou de contribuable ceint d'une tresse comme jamais n'en porta contribuable. Soudain ledit contribuable interpelle un contribuable de voisin en lui reprochant amèrement de lui marcher exprès sur ses pieds de contribuable chaque fois que d'autres contribuables montaient ou descendaient de l'autobus pour contribuables. Puis le contribuable irrité alla s'asseoir à la place pour contribuable que venait de laisser libre un autre contribuable. Quelques heures de contribuable plus tard, je l'aperçus dans la Cour pour contribuables de Rome, en compagnie d'un contribuable qui lui donnait des conseils d'élégance de contribuable.

Poliptoti

Salii su un mezzo pubblico di contribuenti che locupletavano un contribuente il quale portava sul suo ventre di contribuente una borsa da contribuente e contribuiva a consentire agli altri contribuenti di continuare il loro tragitto di contribuenti. Vidi colà un contribuente dal lungo collo che contribuiva alla sua testa di contribuente, sopportante un cappello da contribuente cinto da una trecciolina quale nessun contribuente mai portò. Repentinamente il contribuente interpellò un contribuente vicino contribuendo a rimproverargli di camminare a bella posta sui suoi piedi di contribuente ogni qual volta gli altri contribuenti contribuivano alla confusione salendo o scendendo da quell'autobus per contribuenti. Poi il contribuente irritato andò a sedersi al posto per contribuenti lasciato libero da altro contribuente.

Qualche ora da contribuente dopo, lo vidi a una stazione per contribuenti in compagnia di un contribuente che gli stava dando consigli da contribuens elegantiarum.

Je mon dans un aut plein de voya. Je remar un jeu hom dont le cou é sembla à ce de la gira et qui por un cha a un ga tres. Il se mit en col con un au voya, lui repro de lui mar sur les pi cha fois qu'il mon ou descen du mon. Puis il al s'as car u pla é li.

Re ri gau, je l'aper qui mar en long et en lar a un a qui lui don des con d'élég en lui mon le pre bou de son pard.

Apocopi

Sissignor, un giorn ver mezzogiorn sopr la piatta-
form posterior d'un autob de la lin S vid un giov dal
col trop lung che portav un cappel circondat d'una cor-
dicel intrecciat. Egli tost apostrof il su vicin preten-
dend che cost faceva appost a pest i pied ad ogn fermat.

Poi rapidment abband la disc per gettar su d'un
post lib.

Lo rivid qualch'or piú tard davant a la staz Slazar
in gran convers con un compagn che gli suggeriv di far
risal un po il bot del suo soprà.

Tai obus yageurs. Marquai ne me tait ble lui rafe
tait peau vec lon sé. Ère tre tre geur chant cher eds
que tait dait de. La seoir ne ce tait bre.

Tournant ve che, çus chait ge vec mi nait seils ance
trant mier ton essus.

N rno rso giorno pra a ttaforma steriore i'n bus la nea S di n vane al lo po ngo e rtava n pello nodato a na dicella ciata. Gli sto strofò l uo icino tendendo e stui aceva sta a stargli i di d'gni ta. Oi damente gli ndonò a ssione er tarsi u i n sto bero. O vidi che ra u rdi anti la zione Int-Azare n ran sazione on n ompagno e li geriva i ar salire n co l'ton el uo rabito.

Je mtai ds aubus plein dvyageurs. Je rarquai un jhomme au coublebleluirafe et au chapaltrés. Il se mit en colcautre vyageur car il lui rechait de lui marpier. Puis il ocpa une pce denue lbre.

En fant le mêmin en sinverse, je l'açus à Courome qui prait une lon d'égance àjet d'un bton.

Sincopi

Ungrno vrso mzogiorno sopra lpaiattformapstriore duntobus delalina S vdin giovn dalcoltrplngo cheportva uncpellocircndtda unacrdcella intrcc. Egltsto appstrfò isuvicno prtndendochcotui fcvappsta a pstrglipdi agni frmt. Porpdmente eglbndonò ladscsione pergttrsi sdin pstlbro.

Lrivdqulche orpitrdi dvantilastzione Sntlzre igrn conversazne cncmpgno chisuggrva dfrisalre upco ibottne desusprbto.

Moi je comprends ça: un type qui s'acharne à vous marcher sur les pinglots, ça vous fout en rogne. Mais après avoir protesté aller s'asseoir comme un péteux, moi, je comprends pas ça. Moi j'ai vu ça l'autre jour sur la plate-forme arrière d'un autobus S. Moi je lui trouvais le cou un peu long à ce jeune homme et aussi bien rigolote cette espèce de tresse qu'il avait autour de son chapeau. Moi jamais j'oserais me promener avec un couvre-chef pareil. Mais c'est comme je vous le dis, après avoir gueulé contre un autre voyageur qui lui marchait sur les pieds, ce type est allé s'asseoir sans plus. Moi, je lui aurais foutu une baffe à ce salaud qui m'aurait marché sur les pieds.

Il y a des choses curieuses dans la vie, moi je vous le dis, il n'y a que les montagnes qui ne se rencontrent pas. Deux heures plus tard, moi je rencontre de nouveau ce garçon. Moi, je l'aperçois devant la gare Saint-Lazare. Moi, je le vois en compagnie d'un copain de sa sorte qui lui disait, moi je l'ai entendu: «Tu devrais remonter ce bouton-là». Moi, je l'ai bien vu, il désignait le bouton supérieur.

Me, guarda...

Me, guarda, 'ste cose non le capisco: un tipo che s'intigna a marciarti sul ditone ti fa girare i cosiddetti. Ma se dopo aver protestato va poi a sedersi come un cottolengo, me guarda questo non mi va giú. Me guarda, ho visto 'sta roba l'altro giorno sulla piattaforma di dietro della S. Già quello ci aveva un collo un po' lungo, quel pollastro, e non mi fare parlare di quella specie di treccia da cretinetti che aveva intorno al suo cappello. Me guarda, con un cappello cosí me non ci andrei in giro neanche morto. È come te l'ho detto, dopo aver fatto casino con un altro che gli aveva marciato sui fettoni, quello è andato a sedersi e amen. Me guarda, uno che mi marciava sulle unghie, me ci rifilavo una sberla che vedeva.

Guarda che poi delle volte nella vita ci sono delle combinazioni che basta... D'altra parte me lo dico sempre, solo le montagne non si incontrano mai. Due ore dopo non te lo rivedo di nuovo, quello? Giuro, te lo vedo davanti alla Gare Saint-Lazare! Me guarda, l'ho visto in compagnia di un compagno del suo giro che gli diceva (me guarda, ho sentito proprio bene): «dovresti spostare quel bottone». Me guarda, l'ho visto come vedo te, ci faceva vedere il bottone in alto.

Exclamations

Tiens! Midi! temps de prendre l'autobus! que de monde! que de monde! ce qu'on est serré! marrant! ce gars-là! quelle trombine! et quel cou! soixante-quinze centimètres! au moins! et le galon! le galon! je n'avais pas vu! le galon! c'est le plus marrant! ça! le galon! autour de son chapeau! Un galon! marrant! absolument marrant! ça y est le voilà qui râle! le type au galon! contre un voisin! qu'est-ce qu'il lui raconte! L'autre! lui aurait marché sur les pieds! Ils vont se fiche des gifles! pour sûr! mais non! mais si! va h y! va h y! mords y l'œil! fonce! cogne! mince alors! mais non! il se dégonfle! le type! au long cou! au galon! c'est sur une place vide qu'il fonce! oui! le gars!

Eh bien! vrai! non! je ne me trompe pas! c'est bien lui! là-bas! dans la Cour de Rome! devant la gare Saint-Lazare! qui se balade en long et en large! avec un autre type! et qu'est-ce que l'autre lui raconte! qu'il devrait ajouter un bouton! oui! un bouton à son pardessus! A son pardessus!

Esclamazioni

Perbacco! Mezzogiorno! Ora di prendere l'autobus! quanta gente! quanta gente! che ressa! roba da matti quei tipi! e che crapa! e che collo! settantacinque centimetri! almeno! e il cordone! il cordone! mai visto cosí! il cordone! bestiale! ciumbia! il cordone! intorno al cappello! Un cordone! roba da matti! da matti ti dico! e guarda come baccaglia! sí, il tipo cordonato! contro un vicino! cosa non gli dice! L'altro! gli avrebbe pestato i piedi! Qui finisce a cazzotti! sicuro! ah, no! ah, sí, sí! forza! dai! mena! staccagli il naso! dai di sinistro! cacchio! ma no! si sgonfia! ma guarda! con quel collo! con quel cordone!

Va a buttarsi su un posto vuoto! ma sicuro! che tipo! Ma no! giuro! no! non mi sbaglio! è proprio lui! laggiú! alla Cour de Rome! davanti alla Gare Saint-Lazare! che se ne va a spasso in lungo e in largo! con un altro tipo! e cosa gli racconta l'altro! che dovrebbe aggiungere un bottone! ma sí! un bottone al soprabito! Al suo soprabito!

Alors

Alors l'autobus est arrivé. Alors j'ai monté dedans. Alors j'ai vu un citoyen qui m'a saisi l'œil. Alors j'ai vu son long cou et j'ai vu la tresse qu'il y avait autour de son chapeau. Alors il s'est mis à pester contre son voisin qui lui marchait alors sur les pieds. Alors, il est allé s'asseoir.

Alors, plus tard, je l'ai revu Cour de Rome. Alors il était avec un copain. Alors, il lui disait, le copain: tu devrais faire mettre un autre bouton à ton pardessus. Alors.

Dunque, cioè

Dunque, cioè, l'autobus è arrivato. Cioè ci sono montato; dunque, cioè, ho visto un tipo che mi ha colpito. Cioè, ho visto, dunque, quel collo lungo e la treccia intorno, dunque, al suo cappello. Cioè, dunque, lui si è messo a baccagliare col vicino che cioè gli marciava sui ditoni. Cioè, dunque, lui è andato a sedersi.

Dunque, piú tardi, cioè alla Gare Saint-Lazare, l'ho rivisto, dunque. Cioè, era con un tale che, dunque, gli diceva, cioè quel tale: «dunque, dovresti far mettere un altro bottone, dunque, al soprabito. Cioè».

Alors

Alors l'autobus est arrivé. Alors j'ai monté dedans. Alors j'ai vu un citoyen qui m'a saisi l'œil. Alors j'ai vu son long cou et j'ai vu la tresse qu'il y avait autour de son chapeau. Alors il s'est mis à pester contre son voisin qui lui marchait alors sur les pieds. Alors, il est allé s'asseoir.

Alors, plus tard, je l'ai revu Cour de Rome. Alors il était avec un copain. Alors, il lui disait, le copain: tu devrais faire mettre un autre bouton à ton pardessus. Alors.

Vero?

L'autobus, vero, è arrivato, vero, e ci son salito, vero? Poi ho visto, vero, un tipo, vero, che mi ha molto
colpito, vero, per il suo collo, vero, assai lungo, vero,
e una treccia sul cappello, vero?

Lui si è messo, vero, a discutere, vero, con un vicino che gli pestava, vero, i piedi, vero? Poi è andato a
sedersi, vero?

Piú tardi, vero, l'ho rivisto, vero, alla Cour de
Rome, vero, con un amico, vero? E questi, vero, gli
diceva che avrebbe dovuto, vero, aggiungere, vero, un
bottone, vero, al soprabito.

Ampoulé

A l'heure où commencent à se gercer les doigts ro-
ses de l'aurore, je montai tel un dard rapide dans un
autobus à la puissante stature et aux yeux de vache de
la ligne S au trajet sinueux. Je remarquai, avec la pré-
cision et l'acuité de l'Indien sur le sentier de la
guerre, la présence d'un jeune homme dont le col
était plus long que celui de la girafe au pied rapide, et
dont le chapeau de feutre mou fendu s'ornait d'une
tresse, tel le héros d'un exercice de style. La funeste
Discorde aux seins de suie vint de sa bouche empes-
tée par un néant de dentifrice, la Discorde, dis-je,
vint souffler son virus malin entre ce jeune homme au
col de girafe et à la tresse autour du chapeau, et un
voyageur à la mine indécise et farineuse. Celui-là
s'adressa en ces termes à celui-ci: «Dites moi, méchant
homme, on dirait que vous faites exprès de me marcher sur les pieds!» Ayant dit ces mots, le jeune homme au col de girafe et à la tresse autour du chapeau
s'alla vite asseoir.

Plus tard, dans la Cour de Rome aux majestueuses
proportions, j'aperçus de nouveau le jeune homme
au cou de girafe et à la tresse autour du chapeau, accompagné d'un camarade arbitre des élégances qui
proférait cette critique que je pus entendre de mon
oreille agile, critique adressée au vêtement le plus exté-
rieur du jeune homme au col de girafe et à la tresse
autour du chapeau: «Tu devrais en diminuer l'échancrure par l'addition ou l'exhaussement d'un bouton à
la périphérie circulaire».

Quando l'aurora dalle dita di rosa imparte i suoi colori al giorno che nasce, sul rapidissimo dardo che per le sinuose correnti dell'Esse falcatamente incede, grande d'aspetto e dagli occhi tondi come toro di Bisanto, lo sguardo mio di falco rapace, quale Indo feroce che con l'inconscia zagaglia barbara per ripido sentiero alla pugna s'induce, mirò l'uman dal collo astato, giraffa pié veloce, e dall'elmo di feltro incoronato di una bionda treccia.

La Discordia funesta, invisa anco agli dèi, dalla bocca nefasta di odiosi dentifrici, la Discordia venne a soffiare i miasmi suoi maligni tra la giraffa dalla bionda treccia e un passeggere impudente, subdola prole di Tersite. Disse l'audace figlio di giraffa: «O tu, tu non caro agli Olimpi, perché poni le ugne tue impudiche sulle mie alate uose?» Disse, e alla pugna si sottrasse, e sedde.

La sera ormai morente, presso la Corte candida di marmi, il giraffato pié veloce ancora vidi, accompagnato da un sulfureo messo d'eleganze, e ad altissima voce, che colpí l'acutissimo mio orecchio, questi vaticinò sul peplo, di cui l'audiente s'avvolgeva: «Tu dovrai – disse quello – avvolgere ai tuoi lombi la tua toga, un diamante aggiungendo a quella schiera, che la rinserra!»

L'était un peu plus dmidi quand j'ai pu monter dans l'esse. Jmonte donc, jpaye ma place comme de bien entendu et voilàtipas qu'alors jremarque un zozo l'air pied, avec un cou qu'on aurait dit un télescope et une sorte de ficelle autour du galurin. Je lregarde passeque jlui trouve l'air pied quand le voilàtipas qu'ismet à interpeller son voisin. Dites donc, qu'il lui fait, vous pourriez pas faire attention, qu'il ajoute, on dirait, qu'i pleurniche, quvous lfaites essprais, qu'i bafouille, deummarcher toutltemps sullé panards, qu'i dit. Là-dssus, tout fier de lui, i va s'asseoir. Comme un pied.

Jrepasse plus tard Cour de Rome et jl'aperçois qui discute le bout de gras avec autre zozo de son espèce. Dis donc, qu'i lui faisait l'autre, tu dvrais, qu'i lui disait, mettre un ottbouton, qu'il ajoutait, à ton pardingue, qu'i concluait.

Aho! Annavo a magnà e te monto su quer bidone de la Esse – e 'an vedi? – nun me vado a incoccià con 'no stronzo con un collo cche pareva un cacciavite, e 'na trippa sur cappello? E quello un se mette a baccaglià con st'artro burino perché – dice – jé acciacca er ditone? Te possino! Ma cche voi, ma cchi spinge? e certo che spinge! chi, io? ma va a magnà er sapone!

'Nzomma, meno male che poi se va a sede.

E bastasse! Sarà du' ore dopo, chi s'arrivede? Lo stronzo, ar Colosseo, che sta a complottà con st'artro quà che se crede d'esse er Christian Dior, er Missoni, che so, er Mister Facis, li mortacci sui! E metti un bottone de quà, e sposta un bottone de là, a acchittate cosí alla vitina, e ancora un po' ce faceva lo spacchetto, che era tutta 'na froceria che nun te dico. Ma vaffanculo!

– A quelle heure ce jour-là passa l'autobus de la ligne S de midi 23, direction porte de Champerret?

– A midi 38.

– Y avait-il beaucoup de monde dans l'autobus de la ligne S sus-désigné?

– Des floppées.

– Qu'y remarquâtes-vous de particulier?

– Un particulier qui avait un très long cou et une tresse autour de son chapeau.

– Son comportement était-il aussi singulier que sa mise et son anatomie?

– Tout d'abord non; il était normal, mais il finit par s'avérer être celui d'un cyclothymique paranoïaque légèrement hypotendu dans un état d'irritabilité hypergastrique.

– Comment cela se traduisit-il?

– Le particulier en question interpella son voisin sur un ton pleurnichard en lui demandant s'il ne faisait pas exprès de lui marcher sur les pieds chaque fois qu'il montait ou descendait des voyageurs.

– Ce reproche était-il fondé?

– Je l'ignore.

Interrogatorio

– A che ora, nel giorno in oggetto, è passato l'autobus di linea S previsto per mezzogiorno e ventitre, in
direzione porta di Champerret?
– A mezzogiorno e trentotto.
– Precisi il teste se il suddetto automezzo era par-
ticolarmente affollato.
– Un casino.
– A domanda risponde: affollatissimo. E cosa ha
rilevato il teste di rilevante?
– Un individuo non meglio identificato con collo
di lunghezza irregolare e una cordicella sospetta intorno al di lui copricapo.
– E il comportamento sociale del pregiudicato era
confacente ai tratti somatici testé delineati tramite
identikit?
– Prima no, era normale... Ma poi, come dire, l'individuo in oggetto ha posto in essere una serie di atti
intesi a caratterizzarlo come un ciclotimico paranoide
leggermente ipoteso e in evidente stato di irritabilità
ipergastrica.
– Vuole il teste riformulare la deposizione in termini piú tecnici?
– Si è messo a piagnucolare col vicino e gli ha chiesto
se il fatto che gli pestava i piedi fosse preterintenzio-
nale o doloso.
– Ritiene il teste che il rimprovero avesse fonda-
mento oggettivo e che l'interpellato intendesse pale-
semente delinquere?
– Non saprei.

– Comme se termina cet incident?

– Par la fuite précipitée du jeune homme qui alla occuper une place libre.

– Cet incident eut-il un rebondissement?

– Moins de deux heures plus tard.

– En quoi consista ce rebondissement?

– En la réapparition de cet individu sur mon chemin.

– Où et comment le revîtes-vous?

– En passant en autobus devant la Cour de Rome.

– Qu'y faisait-il?

– Il prenait une consultation d'élégance.

– Come si è conclusa la dinamica dell'incidente?

– Il primo individuo si è reso latitante e ha preso possesso di un posto, occupabile con apposito documento di viaggio, e che si era reso momentaneamente vacante.

– Suggerisce il teste che il suddetto incidente abbia avuto conseguenze in un lasso di tempo ulteriore?

– Esatto. Due ore dopo.

– Vuole descrivere il teste la natura del fatto susseguente?

– L'individuo di cui agli atti si è nuovamente reso reperibile e del caso in oggetto mi dichiaro testimone oculare.

– Come l'ha rivisto il teste?

– Transitando in veste di utente di un mezzo pubblico sulla corsia autofilotranviaria antistante Cour de Rome.

– Quali atti l'individuo summenzionato stava portando ad effetto?

– Si intratteneva in uno scambio di opinioni su questioni attinenti il di lui abbigliamento.

Comédie

Acte premier

Scène i

(*Sur la plate-forme arrière d'un autobus S, un jour, vers midi*).
LE RECEVEUR   La monnaie, s'iou plaît.
(*Des voyageurs lui passent la monnaie*).

Scène ii

(*L'autobus s'arrête*).
LE RECEVEUR   Laissons descendre. Priorités? Une priorité! C'est complet. Drelin, drelin, drelin.

Acte second

Scène i

(*Même décor*).
PREMIER VOYAGEUR (*jeune, long cou, une tresse autour du chapeau*)   On dirait, monsieur, que vous le faites exprès de me marcher sur les pieds chaque fois qu'il passe des gens.
SECOND VOYAGEUR (*hausse les épaules*).

96

Commedia

Atto primo

Scena I

(*Sulla piattaforma posteriore di un autobus S, un giorno alle dodici*).
BIGLIETTAIO   Biglietto signori!
(*Alcuni viaggiatori gli porgono del denaro*).

Scena II

(*L'autobus si arresta*).
BIGLIETTAIO   Si scende in testa! Avanti c'è posto!
Completo! Dling, dleng!

Atto secondo

Scena I

(*Stesso ambiente*).
PRIMO PASSEGGERO (*giovane, collo lungo, una treccia
intorno al cappello*)   Si direbbe, signore, che ella
mi comprime volontariamente i piedi!
SECONDO PASSEGGERO (*fa spallucce*).

97

Scène II

(*Un troisième voyageur descend*).

PREMIER VOYAGEUR (*s'adressant au public*)
Chouette! une place libre! J'y cours. (*Il se précipite
dessus et l'occupe*).

Acte troisième

Scène I

(*La Cour de Rome*).

UN JEUNE ÉLÉGANT (*au premier voyageur, maintenant
piéton*) L'échancrure de ton pardessus est trop
large. Tu devrais la fermer un peu en faisant remonter le bouton du haut.

Scène II

(*A bord d'un autobus S passant devant la Cour de
Rome*).

QUATRIÈME VOYAGEUR Tiens, le type qui se trouvait
tout à l'heure avec moi dans l'autobus et qui s'en-
gueulait avec un bonhomme. Curieuse rencontre.
J'en ferai une comédie en trois actes et en prose.

Scena II

(*Un terzo passeggero scende*).
PRIMO PASSEGGERO (*ad alta voce, agli astanti*)   Perdirindindina! Un posto libero! Volo! (*si precipita su di un sedile e lo occupa*).

Atto terzo

Scena I

(*Cour de Rome*).
UN GIOVANE ELEGANTE (*al primo passeggero, ora pedone*)   La sciancratura del tuo soprabito è troppo larga. Dovresti stringerla un poco spostando il bottone superiore....

Scena II

(*A bordo di un autobus S, davanti a Cour de Rome*).
QUARTO PASSEGGERO   Perbacco! Ecco il tizio che poco fa era con me sull'autobus e che litigava con quel brav'uomo! Incontro curioso, in fede mia! Ne trarrò una commedia in tre atti!

Apartés

L'autobus arriva tout gonflé de voyageurs. *Pourvu que je ne le rate pas, veine il y a encore une place pour moi.* L'un d'eux *il en a une drôle de tirelire avec son cou démesuré* portait un chapeau de feutre mou entouré d'une sorte de cordelette à la place de ruban *ce que ça a l'air prétentieux* et soudain se mit *tiens qu'est-ce qui lui prend* à vitupérer un voisin *l'autre fait pas attention à ce qu'il lui raconte* auquel il reprochait de lui marcher exprès *a l'air de chercher la bagarre, mais il se dégonflera* sur les pieds. Mais comme une place était libre à l'intérieur *qu'est-ce que je disais*, il tourna le dos et courut l'occuper.

Deux heures plus tard environ *c'est curieux les coïncidences,* il se trouvait Cour de Rome en compagnie d'un ami *un michet de son espèce* qui lui désignait de l'index un bouton de son pardessus *qu'est-ce qu'il peut bien lui raconter?*

A parte

L'autobus arrivò, carico di passeggeri. *Se riesco a prenderlo, vedessi mai che trovo ancora un posto a sedere.* Uno di quei due *bel tipo di zucca con quel collo incredibile* portava un feltro molle con una funicella al posto del nastro *pretenziosetto, il tipo* ed ecco che di colpo si mette *ma che cosa gli prende?* a insultare un vicino *certo che questo fa orecchio di mercante* a cui rimprovera di pestargli di proposito *ha l'aria di cercar rogna, ma gli passerà* i piedi. Poi *cosa ti dicevo?* non appena si libera un posto all'interno corre a occuparlo. Circa due ore dopo *e poi uno dice le coincidenze* era in Cour de Rome con un amico *Dio li fa e poi li accoppia* che gli indicava un bottone del suo soprabito *ma cosa diavolo avrà mai da dirgli di tanto interessante?*

Sur la tribune bustérieure d'un bus qui transhabu-
tait vers un but peu bucolique des bureaucrates abu-
tis, un burlesque funambule à la buccule loin du buste
et au gibus sans buran, fit brusquement du grabuge
contre un burgrave qui le bousculait: «Butor! y a de
l'abus!» S'attribuant un taburet, il s'y culbuta tel un
obus dans une cambuse.

Bultérieurement, en un conciliabule, il butinait cette stibulation: «Buse! ce globuleux buton buche mal
ton burnous!»

Sulla tribuna o vestibulo busteriore di un bucinto-
ro bullonato e abbuffato come un bunker o cambusa
da un bulicame di filibusta, ecco un bullo butterato dal
gibus a budino un po' burino col bubbone bulinato
da una buffa bubbola butirrosa di Burano, che brusco
s'imbufala con un bue di burocrate, un Budda burlo-
ne, un bulgaro che abusa e gli s'imbuca a tamburo e
gli ambulacra bucefalo sulle bugne. Un bumerang! A
tal buaggine gli bullan le budella e (bufera nel bunga-
low!) come un bulldog quel bucaneve col bulbo lo sbu-
giarda e lo buggera. Poi bulimico s'ingarbuglia e si
butta da bulldozer, sonnambulo, a imbuto su un bu-
gliolo, e bum!

Verso buio vedo dal bus un conciliabulo alla Bu-
ñuel, e un funnambulo bucolico che gli buccina di un
bullone nel buco o di un globulo sulla buccia del busto del burnus.

Nous, garde-chasse de la Plaine-Monceau, avons
l'honneur de rendre compte de l'inexplicable et mali-
gne présence dans le voisinage de la porte orientale du
Parc de S. A. R. Monseigneur Philippe le sacré duc
d'Orléans, ce jour d'huy seize de mai mille sept cent
quatre-vingt-trois, d'un chapeau mou de forme inhabi-
tuelle et entouré d'une sorte de galon tressé. Consé-
quemment nous constatâmes l'apparition soudaine
sous le dit chapeau d'un homme jeune, pourvu d'un
cou d'une longueur extraordinaire et vêtu comme on
se vêt sans doute à la Chine. L'effroyable aspect de ce
quidam nous glaça les sangs et prévint notre fuite. Ce
quidam demeura quelques instants immobile, puis s'a-
gita en grommelant comme s'il repoussait le voisinage
d'autres quidams invisibles mais à lui sensibles. Soudain son attention se porta vers son manteau et nous
l'entendîmes qui murmurait comme suit: «Il manque
un bouton, il manque un bouton». Il se mit alors en
route et prit la direction de la Pépinière. Attiré mal-
gré nous par l'étrangeté de ce phénomène, nous le sui-
vîmes hors des limites attribuées à notre juridiction
et nous atteignîmes nous trois le quidam et le chapeau
un jardinet désert mais planté de salades. Une plaque
bleue d'origine inconnue mais certainement diaboli-
que portait l'inscription «Cour de Rome». Le quidam
s'agita quelques moments encore en murmurant: «Il
a voulu me marcher sur les pieds». Ils disparurent

Fantomatico

Noi guardacaccia della Plaine-Monceau, abbiamo l'o-
nore di rendere conto della presenza maligna e inespli-
cabile nelle vicinanze della porta orientale del Parco
di S. A. R. Monsignor Filippo duca di Orléans, l'addí
sedici di maggio dell'anno di grazia mille settecento e
ottanta quattro, di un cappello floscio di forma incon-
sueta e attorniato da una sorta di cordone a forma di
treccia. Avvegnacché noi abbiamo constatato l'apparizione subitanea, sotto detto cappello, di un giovine
provvisto di un collo di lunghezza straordinaria e abbi-
gliato come senza dubbio si costuma in China. Il ter-
rificante aspetto di questo tizio ci ha raggelato il san-
gue nelle vene rendendoci incapaci di fuga. La apparizione è restata qualche istante immobile, indi si è agi-
tata mormorando oscure parole come s'ella volesse
sottrarsi alla vicinanza d'altre presenze a noi invisibi-
li ma a essa sensibili. D'un tratto la sua attenzione fu
presa dal mantello che indossava e l'intendemmo sus-
surrare le parole che seguono: «Manca un bottone,
manca un bottone». Costui si mise allora in cammino
prendendo la direzione de la Pépinière. Attirati nostro
malgrado dalla singolarità del fenomeno, seguimmo
l'apparizione oltre i limiti della nostra giurisdizione
sino a raggiungere un giardinetto deserto coltivato a
ortaggi. Una targa blu di origine sconosciuta ma senza dubbio opera di potenze diaboliche portava l'iscri-
zione «Cour de Rome». L'apparizione si agitò ancora
alcuni istanti mormorando «Ha voluto pestarmi i pie-

alors, lui d'abord, et quelque temps après, son chapeau. Après avoir dressé procès-verbal de cette liquidation, j'allai boire chopine à la Petite-Pologne.

di». Quindi disparvero, dapprima l'essere misterioso e poi il suo cappello. Dopo di aver steso processo verbale dello svolgersi dei fatti, siamo andati a farci un boccale di quello sincero alla Petite-Pologne.

Les grandes villes seules peuvent présenter à la spiritualité phénoménologique les essentialités des coïncidences temporelles et improbabilistes. Le philosophe qui monte parfois dans l'inexistentialité futile et outilitaire d'un autobus S y peut apercevoir avec la lucidité de son œil pinéal les apparences fugitives et décolorées d'une conscience profane affligée du long cou de la vanité et de la tresse chapeautière de l'ignorance. Cette matière sans entéléchie véritable se lance parfois dans l'impératif catégorique de son élan vital et récriminatoire contre l'irréalité néoberkeleyienne d'un mécanisme corporel inalourdi de conscience. Cette attitude morale entraîne alors le plus inconscient des deux vers une spatialité vide où il se décompose en ses éléments premiers et crochus.

La recherche philosophique se poursuit normalement par la rencontre fortuite mais anagogique du même être accompagné de sa réplique inessentielle et couturière, laquelle lui conseille nouménalement de transposer sur le plan de l'entendement le concept de bouton de pardessus situé sociologiquement trop bas.

Solo le grandi città possono esibire alla epoché fenomenologica l'essenzialità delle coincidenze temporali a basso tasso di entropia. Il filosofo, che talora ascende alla inessenzialità nomade e derisoria di un autobus della linea S può appercepirvi con pineale trascendentalità le apparenze illusorie di un Io che trasparente a sé, esperisce il proprio Dasein attraverso una collità individuale sovradeterminata dialetticamente dall'apicalità texturalizzata di un utilizzabile intramondano a treccia.

Questa materia priva di entelécheia si lancia talora nell'imperativo categorico del proprio slancio vitale contro l'irrealtà neoidealistica e pressoché empiriocriticista di un parallelismo psicofisico privo di intelletto agente.

Questa opzione etica compatta talora l'uno dei due corpi senz'organi verso una spazialità pratico-inerte dove si decompone in omeomerie prive di clinàmen.

La ricerca si conclude apoditticamente con l'alea indeterminata ma anagogica dell'essere in sé e fuori di sé che si consuma nella esistenzialità del sistema della moda, dove viene noumenalmente illuso di trasportare dal piano categoriale alla deiezione fenomenica il concetto puro della bottonità.

Apostrophe

O stylographe à la plume de platine, que ta course rapide et sans heurt trace sur le papier au dos satiné les glyphes alphabétiques qui transmettront aux hommes aux lunettes étincelantes le récit narcissique d'une double rencontre à la cause autobusilistique. Fier coursier de mes rêves, fidèle chameau de mes exploits littéraires, svelte fontaine de mots comptés, pesés et choisis, décris les courbes lexicographiques et syntaxiques qui formeront graphiquement la narration futile et dérisoire des faits et gestes de ce jeune homme qui prit un jour l'autobus S sans se douter qu'il deviendrait le héros immortel de mes laborieux travaux d'écrivain. Freluquet au long cou surplombé d'un chapeau cerné d'un galon tressé, roquet rageur, rouspéteur et sans courage qui, fuyant la bagarre, allas poser ton derrière moissonneur de coups de pieds au cul sur une banquette en bois durci, soupçonnais-tu cette destinée rhétorique lorsque, devant la gare Saint-Lazare, tu écoutais d'une oreille exaltée les conseils de tailleur d'un personnage qu'inspirait le bouton supérieur de ton pardessus?

Apostrofe

O mia stilografica dalla punta di platino, che la tua corsa morbida e rapida tracci sulla seta della mia pagina i glifi alfabetici che trasmetteranno agli uomini dagli occhiali scintillanti il racconto apollineo di un doppio incontro sull'igneo carro falcato! Fiero corsiero dei miei sogni, fedele cammello delle mie gesta letterarie, agile fontana di parole bilanciate e selette, descrivi le volute lessicografiche e sintattiche che daranno vita al narrare per grafemi di eventi futili e derisori di quel giovane uomo che un giorno prese l'autobus S senza sospettare ch'ei sarebbe divenuto l'eroe immortale del faticato mio operare per le muse! Zerbinotto gentile dal lungo collo sovrastato da un cappello cinto di intrecciata cordicella, tu botolo ringhioso, brontoloso e pavido che, fuggendo la rissa, andasti a posar le tue terga, già consacrate a dovute pedate giustiziere, su di una panca di legno duro, immaginavi tu questo retorico destino allora che, davanti alla Gare Saint-Lazare, ascoltavi con orecchio esaltato i consigli sartoriali d'un personaggio che traeva ispirazione dal bottone superno del tuo ferraiuolo?

Maladroit

Je n'ai pas l'habitude d'écrire. Je ne sais pas. J'aimerais bien écrire une tragédie ou un sonnet ou une ode, mais il y a les règles. Ça me gêne. C'est pas fait pour les amateurs. Tout ça c'est déjà bien mal écrit. Enfin. En tout cas, j'ai vu aujourd'hui quelque chose que je voudrais bien coucher par écrit. Coucher par écrit ne me paraît pas bien fameux. Ça doit être une de ces expressions toutes faites qui rebutent les lecteurs qui lisent pour les éditeurs qui recherchent l'originalité qui leur paraît nécessaire dans les manuscrits que les éditeurs publient lorsqu'ils ont été lus par les lecteurs que rebutent les expressions toutes faites dans le genre de «coucher par écrit» qui est pourtant ce que je voudrais faire de quelque chose que j'ai vu aujourd'hui bien que je ne sois qu'un amateur que gênent les règles de la tragédie, du sonnet ou de l'ode car je n'ai pas l'habitude d'écrire. Merde, je ne sais pas comment j'ai fait mais me voilà revenu tout au début.

Maldestro

Perché cazzo, scusate compagni, io non sono abitua-
to a intervenire in situazioni politiche di un certo tipo. Cioè, cazzo, a me non mi hanno fatto studiare perché cazzo la scuola, cioè, è solo dei ricchi. Io vorrei
dare una testimonianza di classe di quel che ho visto
ieri sull'autobus (non sulle mercedes dei signori) ma mi
si intrecciano le dita – voglio dire, la lingua...
... no la
lingua non si può intrecciare ma anche l'anatomia
la possono studiare solo quelli che poi diventano dot-
tori e fanno lo scandalo dei posti letto nelle cliniche.
Ecco, cosí poi sono io a fare la figura dello stronzo.
Mi sono già confuso. Dov'ero? Cioè.

Dunque volevo testimoniare quella cosa, anche se
non la so scrivere, io non so dire quelle parole come
palingenesi e metempsicazzo come si chiama, io scrivo
poesie ma dicono che è letteratura selvaggia – certo,
siamo degli emarginati solo perché ci buchiamo un
po', mentre le amanti dei signori che sniffano la coca
quello va bene e non ci dànno il foglio di via – insomma io mando sempre il manoscritto a quelli della casa
editrice e loro rispondono che sono dolenti e hanno i
programmi completi a tutto il 1986, cosa cazzo ci met-
tono di qui al 1986, ma è chiaro che se non sei racco-
mandato sei fottuto.

Merda, cioè, cazzo compagni, mi sono perduto di
nuovo, ma sono due giorni che non mangio e tre not-
ti che non dormo e poi sono un po' fumato. Ma avete
capito. O no?

Allora, partiamo a monte – ecco, mi sono già fre-

Je ne vais jamais en sortir. Tant pis. Prenons le taureau par les cornes. Encore une platitude. Et puis ce gars-là n'avait rien d'un taureau. Tiens, elle n'est pas mauvaise celle-là. Si j'ecrivais: prenons le godelureau par la tresse de son chapeau de feutre mou emmanché d'un long cou, peut-être bien que ce serait original. Peut-être bien que ça me ferait connaître des messieurs de l'Académie française, du Flore et de la rue Sébastien-Bottin. Pourquoi ne ferais-je pas de progrès après tout. C'est en écrivant qu'on devient écriveron. Elle est forte celle-là. Tout de même faut de la mesure. Le type sur la plate-forme de l'autobus il en manquait quand il s'est mis à engueuler son voisin sous prétexte que ce dernier lui marchait sur les pieds chaque fois qu'il se tassait pour laisser monter ou descendre des voyageurs. D'autant plus qu'après avoir protesté comme cela, il est allé vite s'asseoir dès qu'il a vu une place libre à l'intérieur comme s'il craignait les coups. Tiens j'ai déjà raconté la moitié de mon histoire. Je me demande comment j'ai fait. C'est tout de même agréable d'écrire. Mais il reste le plus difficile. Le plus calé. La transition. D'autant plus qu'il n'y a pas de transition. Je préfère m'arrêter.

gato perché poi sui vostri giornali scrivete che diciamo solo frasi di un certo tipo, ma praticamente non era a monte ma in pianura perché era un autobus. Buona questa, vedete che anch'io so essere spiritoso anche se non scrivo sul Corriere. Va bene, prendiamo il toro per le corna, o meglio quel tizio per il cappello (ah ah!), dico quel tipo col collo lungo – quale tipo? ma quello sull'autobus, l'ho detto prima, non fate finta che non capite per mettermi in inferiorità. Va bene, sono un po' suonato ma cosa deve fare un proletario che dorme solo in sacco a pelo e la *police* gli ha rotto la chitarra? E poi bisogna cominciare (o no?) e allora lasciatemi cominciare, cazzo, non fate casino se no mi confondo di nuovo. E non ridere tu, scemo.

Allora, dunque, il tipo sulla piattaforma si è messo a gridare un casino perché l'altro gli faceva casino – dico i piedi, cazzo compagni non fate casino, ho diritto anch'io, no? Dov'ero? Ecco, lui si va a sedere per i cazzi suoi, sta zitto tu cretino, lascia finire, si va a sedere sull'autobus, no? Certo che c'era già, sull'autobus voglio dire, ma va dentro... Dentro, scemo, va dalla piattaforma che è fuori... che piattaforma del cazzo è se non è fuori – dell'autobus, fuori rispetto... nella misura in cui... no, nella misura che non è dentro. Dell'autobus.

Va bene, va bene, certo che se fissate gli interventi di cinque minuti, uno che non ha studiato... Ma c'era ancora una parte, anzi il meglio della storia... Socialmente... Okey, okey. Vado.

Désinvolte

I

Je monte dans le bus.
– C'est bien pour la porte Champerret?
– Vous savez donc pas lire?
– Excuses.
Il moud mes tickets sur son ventre.
– Voilà.
– Merci.
Je regarde autour de moi.
– Dites donc, vous.
Il a une sorte de galon autour de son chapeau.
– Vous pourriez pas faire attention?
Il a un très long cou.
– Non mais dites donc.
Le voilà qui se précipite sur une place libre.
– Eh bien.
Je me dis ça.

II

Je monte dans le bus.
– C'est bien pour la place de la Contrescarpe?
– Vous savez donc pas lire?
– Excuses.
Son orgue de Barbarie fonctionne et il me rend mes
tickets avec un petit air dessus.
– Voilà.

Disinvolto

Salgo sull'autobus.
– Va a Champerret?
– Non sapete leggere?
– Scusate tanto.
Macina il mio biglietto sulla pancia.
– Ecco qua.
– Grazie e tante.
Mi guardo intorno.
– Ehi voi!
Ha una specie di treccia intorno al cappello.
– Non potete fare attenzione?
Collo lunghissimo.
– Sí?
Si butta sul primo posto libero.
– Ecco.
Mi dico.
. . .

Salgo sull'autobus.
– Va alla Contrescarpe?
– Non sapete leggere?
– Scusate tanto.
Tric trac, fa i suoi buchini e mi dà il biglietto. Con
sufficienza.
– Ecco qua.

– Merci.

On passe devant la gare Saint-Lazare.

– Tiens le type de tout à l'heure.

Je penche mon oreille.

– Tu devrais faire mettre un autre bouton à ton pardessus.

Il lui montre où.

– Il est trop échancré ton pardessus.

Ça c'est vrai.

– Eh bien.

Je me dis ça.

– Grazie e tante.
Si passa davanti alla Gare Saint-Lazare.
– Guarda là, il tipo di poco fa.
Tendo l'orecchio.
– Dovresti aggiungere un bottone là.
Gli mostra dove.
– È troppo sciancrato.
– È vero.
– Ecco.
Mi dico.

Partial

Après une attente démesurée l'autobus enfin tourna le coin de la rue et vint freiner le long du trottoir.
Quelques personnes descendirent, quelques autres
montèrent: j'étais de celles-ci. On se tassa sur la plate-
forme, le receveur tira véhémentement sur une chasse
de bruit et le véhicule repartit. Tout en découpant
dans un carnet le nombre de tickets que l'homme à la
petite boîte allait oblitérer sur son ventre, je me mis
à inspecter mes voisins. Rien que des voisins. Pas de
femmes. Un regard désintéressé alors. Je découvris
bientôt la crème de cette boue circonscrivante: un
garçon d'une vingtaine d'années qui portait une petite
tête sur un long cou et un grand chapeau sur sa petite tête et une petite tresse coquine autour de son
grand chapeau.
    Quel pauvre type, me dis-je.
    Ce n'était pas seulement un pauvre type, c'était
un méchant. Il se poussa du côté de l'indignation en
accusant un bourgeois quelconque de lui laminer les
pieds à chaque passage de voyageurs, montants ou
descendants. L'autre le regarda d'un œil sévère, cher-
chant une réplique farouche dans le répertoire tout
préparé qu'il devait trimbaler à travers les diverses cir-
constances de la vie, mais ce jour-là il ne se retrouvait
pas dans son classement. Quant au jeune homme, crai-
gnant une paire de gifles, il profita de la soudaine li-
berté d'une place assise pour se précipiter sur celle-ci
et s'y asseoir.
    Je descendis avant lui et ne pus continuer à obser-

Pregiudizi

Dopo la solita interminabile attesa, ecco che l'autobus appare e frena lungo il marciapiede. Qualcuno scende, taluno sale e io tra questi ultimi. Ci si pressa sulla piattaforma, il bigliettaio fa ciò che dovrebbe fare, si riparte. Ripiegando il biglietto nel portafoglio mi metto a studiare i miei vicini. Vicini, non vicine. Sguardo disinteressato, quindi.

Ed eccomi a scoprire la crema del fango che mi circonda. Un ragazzo sulla ventina con una testa troppo piccola su di un collo troppo lungo e un cappellaccio sulla sua testa e una treccina sbarazzina sul cappellaccio. Tipo da quattro soldi, mi dico subito. Non solo da quattro soldi, ma anche rompiscatole. Si mette a fare delle indignazioni e accusa un poveretto qualsiasi di laminargli i piedi a ogni fermata. L'altro lo guarda con degnazione, cerca una risposta che lo geli nel repertorio tutto fare che si deve portare appresso, ma si vede che quel giorno non aveva lo schedario in ordine. Quanto al giovinastro, che oramai si aspettava una sberla, approfitta di un posto libero per andarsi a sedere. Sono sceso prima di lui e non ho potuto osser-

ver son comportement. Je le destinais à l'oubli lorsque, deux heures plus tard, moi dans l'autobus, lui sur le trottoir, je le revis Cour de Rome, toujours aussi lamentable.

Il marchait de long en large en compagnie d'un camarade qui devait être son maître d'élégance et qui lui conseillait, avec une pédanterie dandyesque, de faire diminuer l'échancrure de son pardessus en y faisant adjoindre un bouton supplémentaire.

Quel pauvre type, me dis-je.

Puis nous deux mon autobus, nous continuâmes notre chemin.

varlo piú a lungo. Destinato a uscire dal tesoro della mia memoria, ecco però che due ore dopo te lo incontro nuovamente e lo vedo, dall'autobus, sul marciapiede a Cour de Rome; piú sgradevole che mai, che se la spassa con un amico che doveva essere il suo consigliere di moda e che lo consigliava, con la pedanteria di un dandy, di diminuire la sciancratura del suo soprabito aggiungendo un bottone supplementare. Tipo da quattro soldi, l'avevo ben detto.

Poi entrambi, l'autobus e io, continuammo per la nostra strada.

Sonnet

Glabre de la vaisselle et tressé du bonnet,
Un paltoquet chétif au cou mélancolique
Et long se préparait, quotidienne colique,
A prendre un autobus le plus souvent complet.

L'un vint, c'était un dix ou bien peut-être un S.
La plate-forme, hochet adjoint au véhicule,
Trimbalait une foule en son sein minuscule
Où des richards pervers allumaient des londrès.

Le jeune girafeau, cité première strophe,
Grimpé sur cette planche entreprend un péquin
Lequel, proclame-t-il, voulait sa catastrophe,

Pour sortir du pétrin bigle une place assise
Et s'y met. Le temps passe. Au retour un faquin
A propos d'un bouton examinait sa mise.

Sonetto

Tanto gentile la vettura pare
che va da Controscarpa a Ciamperretto
che le genti gioiose a si pigiare
vi van, e va con esse un giovinetto.

Alto ha il collo, e il cappello deve stare
avvolto di un gallone a treccia stretto:
potrai tu biasimarlo se un compare
iroso insulta, che gli pigia il retto?

Ora s'è assiso. Sarà d'uopo almeno
ritrovarlo al tramonto, quando poi
non lontano dal luogo ove sta il treno

s'incontri con l'amico, che gli eroi
della moda gli lodi, e non sia alieno
dall'aumentare li bottoni suoi.

Olfactif

Dans cet S méridien il y avait en dehors de l'odeur habituelle, odeur d'abbés, de décédés, d'œufs, de geais, de haches, de ci-gîts, de cas, d'ailes, d'aime haine au pet de culs, d'airs détestés, de nus vers, de doubles vés cés, de hies que scient aides grecs, il y avait une certaine senteur de long cou juvénile, une certaine perspiration de galon tressé, une certaine âcreté de rogne, une certaine puanteur lâche et constipée tellement marquées que lorsque deux heures plus tard je passai devant la gare Saint-Lazare je les reconnus et les identifiai dans le parfum cosmétique, fashionable et tailoresque qui émanait d'un bouton mal placé.

Olfattivo

In quell'Esse meridiano v'erano, oltre agli odori
abituali, puzza d'abati, di defunti presunti, d'uova al
burro, di ghiandaie, d'ascie, di pietre tombali, d'ali
e di flatulenze e petonzoli, di pretonzoli, di sillabe e
water closets, di bignami e colibrí, v'era un sentore di
collo, giovane e scapicollo, un afrore di treccia, un un-
tume di rogna, esalazioni di fogna e miasma d'asma,
cosí che poco dopo, tra profumi d'issopo, passando
alla stazione tra esalazioni d'icone, sentii l'odore esta-
tico di un cosmetico eretico ed erratico, di un giovinastro emetico e di un bottone fetido, maleolente e
insipido.

Gustatif

Cet autobus avait un certain goût. Curieux mais incontestable. Tous les autobus n'ont pas le même goût. Ça se dit, mais c'est vrai. Suffit d'en faire l'expérience. Celui-là – un S – pour ne rien cacher – avait une petite saveur de cacahouète grillée je ne vous dis que ça. La plate-forme avait son fumet spécial, de la cacahouète non seulement grillée mais encore piétinée. A un mètre soixante au-dessus du tremplin, une gourmande, mais il ne s'en trouvait pas, aurait pu lécher quelque chose d'un peu suret qui était un cou d'homme dans sa trentaine. Et à vingt centimètres encore au-dessus, il se présentait au palais exercé la rare dégustation d'un galon tressé un peu cacaoté. Nous dégustâmes ensuite le chouigne-gueume de la dispute, les châtaignes de l'irritation, les raisins de la colère et les grappes de l'amertume.

Deux heures plus tard nous eûmes droit au dessert: un bouton de pardessus... une vraie noisette...

Gustativo

Che autobus saporoso! Curioso... Ciascun autobus ha il suo gusto particolare. Luogo comune ma vero, basta provare. Quello – un S, a voler esser franchi – sapeva di nocciolina tostata, se capite. La piattaforma, anzitutto, lasciava sulle papille una traccia di nocciolina, non solo tostata, ma pesticciata – e mantecata. E poco distante un buongustaio – se ve ne fossero stati – avrebbe potuto leccare qualcosa di salmastro come un collo d'uomo acre sulla trentina. Venti centimetri sopra, un palato raffinato, e in cerca d'emozioni, avrebbe goduto della rara esperienza di una tenera treccia al cacao. E poi assaporammo il sale della disputa, l'amaro dell'irritazione, l'asprigno della collera, il dolciastro della rancorosa viltà.

Due ore dopo, il dessert. Un bottone di soprabito, mandorlato.

Tactile

Les autobus sont doux au toucher surtout si on les prend entre les cuisses et qu'on les caresse avec les deux mains, de la tête vers la queue, du moteur vers la plate-forme. Mais quand on se trouve sur cette plate-forme alors on perçoit quelque chose de plus âpre et de plus rêche qui est la tôle ou la barre d'appui, tantôt quelque chose de plus rebondi et de plus élastique qui est une fesse. Quelquefois il y en a deux, alors on met la phrase au pluriel. On peut aussi saisir un objet tubulaire et palpitant qui dégurgite des sons idiots, ou bien un ustensile aux spirales tressées plus douces qu'un chapelet, plus soyeuses qu'un fil de fer barbelé, plus veloutées qu'une corde et plus menues qu'un câble. Ou bien encore on peut toucher du doigt la connerie humaine, légèrement visqueuse et gluante, à cause de la chaleur.

Puis si l'on patiente une heure ou deux, alors devant une gare raboteuse, on peut tremper sa main tiède dans l'exquise fraîcheur d'un bouton de corozo qui n'est pas à sa place.

Oh come sono teneri gli autobus al tatto, se li si afferra alla coscia e li si palpa con ambo le mani, da testa a coda, dal cofano alla piattaforma... E proprio sulla piattaforma si avverte qualcosa di rugoso, il corrimano d'appoggio, appunto, e qualche altra cosa piú elastica. Come una natica. Talvolta due (e allora si mette la frase al plurale). Si può anche afferrare un oggetto tubolare e palpitante che rigurgita di suoni osceni, o un utensile intrecciato di spirali dolci e soffici al tocco, come un rosario, piú liscio di un filo spinato, piú vellutato di una corda, piú sottile di un laccio. O ancora, toccare col dito la stoltezza umana, vischiosa e collosa qual è, in un pomeriggio sudaticcio d'afa.

Poi, a saper attendere un'ora o due, davanti a una stazione quasi satinata, immerger la mano tepida nella freschezza di un bottone, peloso, peloso, peloso.

Visuel

Dans l'ensemble c'est vert avec un toit blanc, allongé, avec des vitres. C'est pas le premier venu qui pourrait faire ça, des vitres. La plate-forme c'est sans couleur, c'est moitié gris moitié marron si l'on veut. C'est surtout plein de courbes, des tas d'S pour ainsi dire. Mais à midi comme ça, heure d'affluence, c'est un drôle d'enchevêtrement. Pour bien faire faudrait étirer hors du magma un rectangle d'ocre pâle, y planter au bout un ovale pâle ocre et là-dessus coller dans les ocres foncés un galurin que cernerait une tresse de terre de Sienne brûlée et entremêlée par-dessus le marché. Puis on t'y foutrait une tache caca d'oie pour représenter la rage, un triangle rouge pour exprimer la colère et une pissée de vert pour rendre la bile rentrée et la trouille foireuse.

Après ça on te dessinerait un de ces jolis petits mignons de pardingues bleu marine avec, en haut, juste en dessous de l'échancrure, un joli petit mignon de bouton dessiné au quart de poil.

Nell'insieme è verde con un tetto bianco, lungo, con vetri. Mica cosa da nulla, i lucidi vetri... La piattaforma è incolore o, se volete, di un marrone grigiastro. Soprattutto, è pieno di curve: oh quanti S, per cosí dire...

Ma a mezzogiorno, ora di grande afflusso, è un gran bel gioco d'arcobaleni. Occorrerebbe estrarre da quel magma un rettangolo d'ocra pallida, sovrapporvi un ovale di pallida ocra e sopra ancora incollarvi un cappelluccio d'ocra scura, cinto da una treccia terra di siena bruciata, ritorta a guisa di doppia elica. Poi, una macchia a cacca d'oca, giallo-verde, a simbolizzar la rabbia, e un triangolo rosso per la collera, e una sbavatura smeraldo per la bile inghiottita, e la fifa, dalle sfumature tenui di diarrea.

Poi disegnare un cappottino blu marino, molto chic, e in alto dipingervi a biacca un piccolino bottoncino rotondino, con un pennello in peli di cammello.

Coinquant et pétaradant, l'S vint crisser le long du trottoir silencieux. Le trombone du soleil bémolisait midi. Les piétons, braillantes cornemuses, clamaient leurs numéros. Quelques-uns montèrent d'un demi-ton, ce qui suffit pour les emporter vers la porte Champerret aux chantantes arcades. Parmi les élus haletants, figurait un tuyau de clarinette à qui les malheurs des temps avaient donné forme humaine et la perversité d'un chapelier pour porter sur la timbale un instrument qui ressemblait à une guitare qui aurait tressé ses cordes pour s'en faire une ceinture. Soudain au milieu d'accords en mineur de voyageurs entreprenants et de voyajrices consentantes et des trémolos bêlants du receveur rapace éclate une cacophonie burlesque où la rage de la contrebasse se mêle à l'irritation de la trompette et à la frousse du basson.

Puis, après soupir, silence, pause et double-pause, éclate la mélodie triomphante d'un bouton en train de passer à l'octave supérieure.

Dringhete dranghete, sussultando, sbuffando e tossicchiando, ecco l'Esse che stride lungo il bordo sfrigolante del marciapiede, mentre le trombe d'oro del sole bemollizzano mezzogiorno. I pedoni, belanti come cornamuse, squittiscono nel salire scalpicciando. Alcuni salgono di un semitono, ed eccoli alla porta Champerret dagli archi suoi sonanti. Tra gli eletti, affannati e ansanti, un clarinetto cui le vicende naturali avevan conferito forma umana, e la perversità di un cappellaio matto aveva ornato con una sorta di chitarra dalla corda inestricabilmente avvolta a mò di cinta. Subitamente, a un tempo, tra gli accordi in minore di passeggeri intraprendenti e passeggere consenzienti, e i tremoli e i barriti di un bigliettaio rapace, ecco l'unisono, di una cacofonia burlesca, dove l'ira sorda del contrabbasso si unisce alla irritazione acuta della cornetta e ai brividi del fagotto.

Dopo un lungo sospiro, un silenzio e una pausa di molte battute, esplode la melodia trionfante di un bottone, come un ottone, che sale all'ottava superiore.

Télégraphique

BUS BONDÉ STOP JNHOMME LONG COU CHAPEAU CER-
CLE TRESSÉ APOSTROPHE VOYAGEUR INCONNU SANS
PRÉTEXTE VALABLE STOP QUESTION DOIGTS PIEDS
FROISSÉS CONTACT TALON PRÉTENDU VOLONTAIRE
STOP JNHOMME ABANDONNE DISCUSSION POUR PLACE
LIBRE STOP QUATORZE HEURES PLACE ROME JN-
HOMME ÉCOUTE CONSEILS VESTIMENTAIRES CAMA-
RADE STOP DÉPLACER BOUTON STOP SIGNÉ ARCTU-
RUS.

Telegrafico

BUS COMPLETO STOP TIZIO LUNGOCOLLO CAPPELLO
TRECCIA APOSTROFA SCONOSCIUTO SENZA VALIDO
PRETESTO STOP PROBLEMA CONCERNE ALLUCI TOC-
CATI TACCO PRESUMIBILMENTE AZIONE VOLONTARIA
STOP TIZIO ABBANDONA DIVERBIO PER POSTO LIBE-
RO STOP ORE DUE STAZIONE SAINTLAZARE TIZIO
ASCOLTA CONSIGLI MODA INTERLOCUTORE STOP SPO-
STARE BOTTONE SEGUE LETTERA STOP.

Ode

Dans l'autobus
dans l'autobon
l'autobus S
l'autobusson
qui dans les rues
qui dans les ronds
va son chemin
à petits bonds
près de Monceau
près de Monçon
par un jour chaud
par un jour chon
un grand gamin
au cou trop long
porte un chapus
porte un chapon
dans l'autobus
dans l'autobon

Sur le chapus
sur le chapon
y a une tresse
y a une tron
dans l'autobus
dans l'autobon
et par dlassusse
et par dlasson
y a de la presse
et y a du pron

Ode

Sull'autobussolo
sull'autobissolo
l'auto dell'essele
l'auto-da-fé
che va da sé
perepepé,
a sussultoni
a balzelloni
dal capolinea
al lina-pié,
un giorno calido
tepido ed umido
un tipo sucido
un tipo livido
collo da brivido

et lgrand gamin
au cou trop long
i râle un brin
i râle un bron
contre un lapsus
contre un lapon
dans l'autobus
dans l'autobon
mais le lapsus
mais le lapon
pas commodus
pas commodon
montre ses dents
montre ses dons
sur l'autobus
sur l'autobon
et lgrand gamin
au cou trop long
va mett ses fesses
va mett son fond
dans le bus S
dans le busson
sur la banquette
pour les bons cons

Sur la banquette
pour les bons cons
moi le poète
au gai pompon
un peu plus tard
un peu plus thon
à Saint-Lazare
à Saint-Lazon
qu'est une gare
pour les bons gons
je rvis lgamin
au cou trop long
et son pardingue
dmandait pardong

cappello in bilico
di prezzo modico,
ecco ristà.
Sul cappellicolo
di quel ridicolo
ci sta un nastricolo
tutto intrecciatolo
e quello impavido
col volto rorido
grida a un omuncolo
che col peduncolo
gli preme il ditolo
grosso del pié.
Quello s'intignola
volano sventole
chi insulta pencola
quindi si svicola
corre a una seggiola
vi posa il podice
quivi rannicchiasi,
se ne sta zitt.
Caso incredibile,
dall'automobile
di stesso titolo

à un copain
à un copon
pour un boutus
pour un bouton
près dl'autobus
près dl'autobon

Si cette histoire
si cette histon
vous intéresse
vous interon
n'ayez de cesse
n'ayez de son
avant qu'un jour
avant qu'un jon
sur un bus S
sur un busson
vous ne voyiez
les yeux tout ronds
le grand gamin
au cou trop long
et son chapus
et son chapon
et son boutus
et son bouton
dans l'autobus
dans l'autobon
l'autobus S
l'autobusson

al perpendicolo
del di solar,
vedo il terricolo
di cui fantastico
in conciliabolo
con tipo subdolo
che intrattenendolo
su temi frivoli
gli mostra il bucolo
d'impermeabile
forse un po' comico
dove un bottuncolo
dovrebbe illico
esser spostatolo
un po' piú in sú.

Permutations par groupes croissants de lettres

Rvers unjou urlap midis ormea latef eduna rrièr
sdela utobu sjape ligne njeun rçusu eauco ehomm
longq utrop taitu uipor eauen nchap dunga touré es-
sé lontr. Nilint soudai asonvo erpell préten isinen ece-
lui dantqu aitexp cifais uimarc résdel lespie hersur
uefois dschaq ntaito quilmo ndaitd udesce geurs esvo-
ya. Onnadai ilaband apideme lleursr cussion ntladis
etersur poursej elibre uneplac.

Heures pl quelques le revisd us tard je are saint
evant lag grande co lazare en on avec un nversati qui
lui di camarade ireremon sait de fa ton supér ter le bou
npardess ieur de so us.

Rnove ungio zzogi rsome opral ornos tafor apiat terio mapos nauto rediu llali busde idiun neasv nedal giova tropp collo ochep olung aunca ortav ocirc ppell oduna ondat cella cordi cciat intre a. Stoapo eglito ilsuov strofo retend icinop ecostu endoch aappos ifacev targli taapes adogni ipiedi a fermat.

Damente poirapi andonol egliabb sionepe adiscus sisudiu rgettar ibero npostol. Qualcheo lorividi didavant rapiutar zionesai iallasta ingranco ntlazare oneconun nversazi cheglisu compagno ifarrisa ggerivad coilbott lireunpo osoprabi onedel su to.

Jour un midi vers, la sur arrière plate-forme un d'de autobus ligne la j'S un aperçus jeune au homme trop cou qui long un portait entouré chapeau un d'tressé galon. Interpella son soudain il prétendant que voisin en exprès de celui-ci faisait sur les lui marcher fois qu'pieds chaque ou descendait il montait des voyageurs. Ailleurs rapidement la il abandonna d'jter sur une discussion pour se place libre.

Je le revis devant quelques heures plus tard en grande conversation avec la gare Saint-Lazare disait de faire remonter un camarade qui lui supérieur de son pardessus un peu le bouton.

Giorno un mezzogiorno verso la sopra posteriore piattaforma un di della autobus S linea, un vidi dal giovane troppo collo che lungo un portava circondato cappello una d'intrecciata cordicella. Apostrofò il egli tosto pretendendo che suo vicino apposta a costui faceva piedi a pestargli i ogni fermata.

Abbandonò la discussione poi rapidamente egli di un posto per gettarsi su libero.

Piú tardi davanti alla lo rividi ora gran conversazione con un stazione Saint-Lazare in di far risalire un compagno che gli suggeriva suo soprabito poco il bottone del.

Dans un hyperautobus plein de pétrolonautes, je fus martyr de ce microrama en une chronie de métaffluence: un hypotype plus qu'icosapige avec un pétase péricyclé par caloplegme et un macrotrachèle eucylindrique anathématise emphatiquement un éphémère et anonyme outisse, lequel, à ce qu'il pseudolégeait, lui épivédait sur les bipodes mais, dès qu'il euryscopa une cœnotopie, il se péristropha pour s'y catapelter.

En une chronie hystère, je l'esthèsis devant le sidérodromeux stathme hagiolazarique, péripatant avec un compsanthrope qui lui symboulait la métacinèse d'un omphale sphincter.

Sull'iperautodinamico carico di petrolnauti fui mar-
tire di un microrama in una cronia di katabasi. Un ipo-
tipo icosapigio con un petaso periciclato da calophleg-
ma e un macrotrachelo encilindrico, anatemizzava ca-
cofonicamente un anonimo effimero artropode che, da
ciò che il protero pseudolegomenava, gli epicratizzava
i bipodi. Ma appena colui episcopò una cenotopia, si
peristrofò per catapultarvisi.

In un'ystera cronía, l'estetizzai davanti al sidero-
dromo hagiolazarico che peripatava con un synantropo
il quale gli simbolava la metacinési di un omfalo sfin-
terico.

Naturellement l'autobus était à peu près complet, et le receveur désagréable. L'origine de tout cela, il faut la rechercher dans la journée de huit heures et les projets de nationalisation. Et puis les Français manquent d'organisation et de sens civique; sinon, il ne serait pas nécessaire de leur distribuer des numéros d'ordre pour prendre l'autobus – ordre est bien le mot. Ce jour-là, nous étions bien dix à attendre sous un soleil écrasant et lorsque l'autobus arriva, il y avait seulement deux places, et j'étais le sixième. Heureusement que j'ai dit « Justice », en montrant une vague carte avec ma photo et une bande tricolore en travers – cela impressionne toujours les receveurs – et je suis monté. Naturellement je n'ai rien à voir avec l'ignoble justice républicaine et je n'allais tout de même pas rater un déjeuner d'affaires très important pour une vulgaire histoire de numéros. Sur la plate-forme nous étions serrés comme harengs en caque. Je souffre toujours de cette promiscuité dégoûtante. La seule chose qui puisse compenser ce désagrément, c'est quelquefois le charmant contact du trémoussant arrière-train d'une mignonne midinette. Ah jeunesse, jeunesse! Mais ne nous excitons pas. Cette fois-là je n'avais dans mon voisinage que des hommes, dont une sorte de zazou au cou démesuré et qui portait autour de son feutre mou une espèce de tresse au lieu de ruban. Comme si on ne devrait pas envoyer tous ces gars-là dans des camps de travail. Pour relever les ruines par exemple. Celles des anglo-saxons surtout. De mon temps on était camelot du roy,

Naturalmente l'autobus era pieno e il bigliettario sgradevole. L'origine va cercata come è ovvio nella giornata di otto ore e nei progetti di nazionalizzazione. E poi i francesi mancano di organizzazione e di senso civico; altrimenti non sarebbe necessario distribuirgli il numero d'ordine per la coda dell'autobus – ordine, ecco quello che ci vorrebbe. Quel giorno eravamo in dieci ad aspettare sotto un sole da spaccare le pietre, e quando l'autobus è arrivato c'erano solo due posti e io ero il sesto. Per fortuna che ho detto «Servizio» mostrando una tessera qualsiasi con la mia foto e una striscia tricolore di traverso – queste cose fanno sempre impressione sui bigliettari – e sono salito. Naturalmente non ho nulla da spartire con quella ignobile giustizia repubblicana e ci mancava altro che perdessi un appuntamento d'affari importantissimo per una stupida storia di numeri progressivi. Sulla piattaforma eravamo pressati come sardine in scatola. Questa promiscuità è disgustosa e non la sopporto. La sola cosa che può compensare una esperienza cosí sgradevole è talora il contatto dell'avantreno o dei respingenti posteriori di una madamigella in minigonna. Ah, gioventú, beata gioventú! Ma non eccitiamoci. Quella volta nei pressi non avevo che degli uomini, e c'era una specie di capellone con un collo smisurato che portava intorno al suo cappello floscio una specie di treccia invece del nastro. Gente da mandarla subito in campo di lavoro. Non so, per fare scavi archeologici, per esempio. Ai miei tempi stavamo nelle associazioni di com-

et pas swing. Toujours est-il que ce garnement se permet tout à coup d'engueuler un ancien combattant, un vrai, de la guerre de 14-18. Et ce dernier qui ne riposte pas! On comprend quand on voit cela que le traité de Versailles ait été une loufoquerie. Quant au galopin, il se précipita sur une place libre au lieu de la laisser à une mère de famille. Quelle époque!

Eh bien, ce morveux prétentieux, je l'ai revu, deux heures plus tard, devant la Cour de Rome. Il était en compagnie d'un autre zazou du même acabit, lequel lui donnait des conseils sur sa mise. Ils se baladaient de long en large, tous les deux, – au lieu d'aller casser les vitrines d'une permanence communiste et de brûler quelques bouquins. Pauvre France!

battenti, non nelle assemblee. E quell'arnese non si permette di strapazzare un reduce della guerra del 14-18? un vero reduce, croce di bronzo! E questo che non reagisce! È davanti a cose del genere che si capisce che il trattato di Versailles è stata una truffa bella e buona. Quanto al giovinastro, si butta su di un posto libero invece di lasciarlo a una signora incinta. Che tempi! Ebbene, questo moccioso insolente l'ho rivisto due ore dopo, davanti alla Cour de Rome. In compagnia di un altro drogato della stessa risma, che gli dava dei consigli sul suo abbigliamento. Se ne andavano a spasso su e giú, tutti e due – invece di andare a fracassare le vetrine di una libreria comunista e di bruciare un po' di libri. Povera Francia!

Ensembliste

Dans l'autobus S considérons l'ensemble A des voyageurs assis et l'ensemble D des voyageurs debout. A un certain arrêt, se trouve l'ensemble P des personnes qui attendent. Soit C l'ensemble des voyageurs qui montent; c'est un sous-ensemble de P et il est lui-même l'union de C' l'ensemble des voyageurs qui restent sur la plate-forme et de C'' l'ensemble de ceux qui vont s'asseoir. Démontrer que l'ensemble C'' est vide.

Z étant l'ensemble des zazous et {z} l'intersection de Z et de C', réduite à un seul élément. A la suite de la surjection des pieds de z sur ceux de y (élément quelconque de C' différent de z), il se produit un ensemble M de mots prononcés par l'élément z. L'ensemble C'' étant devenu non vide, démontrer qu'il se compose de l'unique élément z.

Soit maintenant P' l'ensemble des piétons se trouvant devant la gare Saint-Lazare, {z, z'} l'intersection de Z et de P', B l'ensemble des boutons du pardessus de z, B' l'ensemble des emplacements possibles des dits boutons selon z', démontrer que l'injection de B dans B' n'est pas une bijection.

Nell'autobus S si consideri l'insieme A dei passeggeri seduti e l'insieme D dei passeggeri in piedi. A una fermata data si trovi l'insieme P dei passeggeri in attesa. Sia C l'insieme dei seduti e sia esso un sottinsieme di P che rappresenti l'unione di C' quale insieme dei passeggeri che restano sulla piattaforma e di C'' quale insieme di coloro che vanno a sedersi. Si dimostri che l'insieme C'' è vuoto.

Sia Z l'insieme dei fricchettoni e {z} l'intersezione di Z e C', ridotto a un solo elemento. A seguito della iniezione dei piedi di z su quelli di y (elemento qualsiasi di C' che sia differente da z) si produce un insieme M di parole emesse da z. L'insieme C'' essendo nel frattempo divenuto non vuoto, dimostrare come esso si componga dell'unico elemento z.

Sia ora P' l'insieme dei pedoni che si trovano di fronte alla Gare Saint-Lazare, sia {z, z'} l'intersezione di Z e P', sia B l'insieme dei bottoni di soprabito di z, B' l'insieme delle posizioni possibili di detti bottoni secondo z': dimostrare che l'iniezione di B in B' non è una bi-iniezione.

Définitionnel

Dans un grand véhicule automobile public de transport urbain désigné par la dix-neuvième lettre de l'al-
phabet, un jeune excentrique portant un surnom donné à Paris en 1942, ayant la partie du corps qui joint
la tête aux épaules s'étendant sur une certaine distan-
ce et portant sur l'extrémité supérieure du corps une
coiffure de forme variable entourée d'un ruban épais
entrelacé en forme de natte – ce jeune excentrique
donc imputant à un individu allant d'un lieu à un autre la faute consistant à déplacer ses pieds l'un après
l'autre sur les siens se mit en route pour se mettre sur
un meuble disposé pour qu'on puisse s'y asseoir, meuble devenu non occupé.

Cent vingt secondes plus tard, je le vis de nouveau
devant l'ensemble des bâtiments et des voies d'un chemin de fer où se font le dépôt des marchandises et
l'embarquement ou le débarquement des voyageurs.
Un autre jeune excentrique portant un surnom donné
à Paris en 1942 lui procurait des avis sur ce qu'il con-
vient de faire à propos d'un cercle de métal, de corne,
de bois, etc., couvert ou non d'étoffe, servant à atta-
cher les vêtements, en l'occurrence un vêtement masculin qu'on porte par-dessus les autres.

Definizioni

In un grande veicolo automobile pubblico destinato al trasporto urbano designato dalla 17ª lettera dell'alfabeto, un giovane eccentrico portatore di nome di battesimo attribuito a Parigi nel 1942, con la parte del corpo che unisce la testa alle spalle estesa per una certa lunghezza e recante sulla estremità superiore del corpo una acconciatura di forma variabile avvolta da un nastro spesso interallacciato a forma di treccia – questo giovane eccentrico imputando a un individuo andante da un luogo all'altro il fallo consistente nel muovere i propri piedi l'uno appo l'altro sullo spazio stesso occupato dai proprii, si mise in movimento per posarsi su un mobile disposto per sedersi, mobile divenuto non occupato. Centoventi secondi piú tardi lo rividi davanti all'insieme di immobili e vie ferrate ove si dispone il deposito di mercanzie e l'imbarco e sbarco di viaggiatori. Un altro giovane eccentrico portatore di nome di battesimo attribuito a Parigi nel 1942 gli procurava consigli su cosa convenisse fare a proposito di un cerchio di metallo, di corno o di legno, coperto o meno di stoffa, che serve ad assicurare gli abiti, all'occorrenza un capo di vestiario maschile che si porta sopra agli altri.

Tanka

L'autobus arrive
Un zazou à chapeau monte
Un heurt il y a
Plus tard devant Saint-Lazare
Il est question d'un bouton

Tanka

Il carro avanza
Sale con il cappello
Subito un urto
A sera a San Lazzàro
questione d'un bottone

Vers libres

L'autobus
plein
le cœur
vide
le cou
long
le ruban
tressé
les pieds
plats
plats et aplatis
la place
vide
et l'inattendue rencontre près de la gare aux mille
    feux éteints
de ce cœur, de ce cou, de ce ruban, de ces pieds,
de cette place vide,
et de ce bouton.

Versi liberi

L'autobus
pieno
il cuore
vuoto
il collo
lungo
il nastro
a treccia
i piedi
piatti
piatti e appiattiti
il posto
vuoto
e l'inatteso incontro alla stazione dai mille fuochi
    spenti
di quel cuore, di quel collo, di quel nastro, di quei
    piedi,
di quel posto vuoto
e di quel
bottone.

Lipogramme

Voici.

Au stop, l'autobus stoppa. Y monta un zazou au cou trop long, qui avait sur son caillou un galurin au ruban mou. Il s'attaqua aux panards d'un quidam dont arpions, cors, durillons sont avachis du coup; puis il bondit sur un banc et s'assoit sur un strapontin où nul n'y figurait.

Plus tard, vis-à-vis la station saint-Machin ou saint-Truc, un copain lui disait: «Tu as à ton raglan un bouton qu'on a mis trop haut».

Voilà.

Lipogrammi

Lipogramma in a

Un giorno, mezzogiorno, sezione posteriore di un bus S, vedo un tizio, collo troppo lungo e coso floscio sul cucuzzolo, con un tessuto torticoloso. Costui insultò il suo vicino dicendo che di proposito gli premesse sul piede, ogni momento che un cliente del mezzo venisse su o giú.

Poi si fece silente e occupò un posto libero.

Lo rividi, un tempo di poi, nel luogo dei treni che si vuole rechi il nome di un uomo pio, con un sempronio che gli dice di mettere piú in su il bottone del suo vestito d'inverno.

Lipogramma in e

Un giorno, diciamo dodici in punto, sulla piattaforma di coda di un autobus S, vidi un giovanotto dal collo troppo lungo: indossava un copricapo circondato da un gallon tutto intorcicolato. Costui apostrofò il suo vicino urlando: «tu di tua volontà mi schiacci quanto la scarpa si vuol copra, ad ogni monta o dismonta di qualcuno!» Poi non parla piú, occupando un posto non occupato.

Non molti minuti di poi, scorgo colui al luogo di raduno di molti vagoni, parlando con un amico il qual gli intima di spostar un poco il botton di un suo soprabito.

Lipogramma in i

Una volta, al tocco, sull'esterno d'un autobus S, ecco che vedo un ometto dal collo troppo lungo, e un cappello dal gallone attorcolato. Esso apostrofa un compagno e afferma che l'altro pesterebbe le sue scarpe a qualunque arresto dell'automotore. Ma stanco dopo tace, e occupa un posto non lontano, e vuoto d'altro occupante.

Lo vedo ancora al luogo donde parte qualunque treno, luogo devoto al Santo Lazzaro. È con un sodale che blatera acché quello metta all'opera lo spostamento d'un bottone del suo paltò.

Lipogramma in o

Un bel dí, alle undici piú che passate, diversamente che sul davanti di una vettura della linea S, guarda guarda un gagà, quasi una giraffa, che ha sulla testa una faccenda tutta intrecciata. Ululante, il cretinetti dice a un passeggero che gli pesta i piedi a ciascuna fermata. Ma repentinamente smette e va a cadere su un sedile che sta piú in là, senza che altri vi sieda.

Per pura alea, minuti e minuti piú tardi, il gagà di prima è alla partenza dei treni (Saint-Lazare), e un tale gli dice di far risalire una delle chiusure della sua veste invernale.

Lipogramma in u

Era mezzogiorno, e sopra la piattaforma posteriore del veicolo collettivo di linea S vedo il giovinotto: collo non certo corto, cappello con cordicella intrecciata. Egli apostrofa il vicino dicendo che gli pesta i piedi ad ogni fermata e ad ogni discesa di passeggero. Poi si calma, tace, e va a prendere il posto che si è appena appena liberato.

Non molto tempo dopo lo rivedo alla stazione Saint-Lazare, che parla con altro amico della stessa pasta, che gli consiglia di far risalire il bottone del soprabito.

Translation

Dans l'Y, en un hexagone d'affouragement. Un typhon dans les trente-deux anacardiers, chapellerie mo-
deste avec coréopsis remplaçant la rubellite, couchette
trop longue comme si on lui avait tiré dessus. Les gen-
tillesses descendent. Le typhon en quêteur s'irrite contre un voiturier. Il lui reproche de le bousculer chaque fois qu'il passe quelqu'un, tondeur pleurnichard
qui se veut méchant. Comme il voit une placette libre,
se précipite dessus.

Huit hexagones plus loin, je le rencontre dans la
courbe de Roncq, devant la gargouille de Saint-Dizier.
Il est avec un cambreur qui lui dit: «Tu devrais faire
mettre un bouton-pression supplémentaire à ton pare-
chocs». Il lui montre où (à l'échantillon) et pourquoi.

Sostituzioni

Sul battello della linea Z, in un poligono di tiro, un tifone di almeno ventisei anacardi, con una pompa dal corimbo al posto del viticcio, accarezza un entomologo che gli avrebbe macinato i coleotteri. Come poi vede un imbuto libero vi si getta dentro.

Otto poligoni piú tardi, a place de la Concorde, rieccolo con un giocatore d'azzardo che gli dice: «Dovresti mettere una bottiglia supplementare al tuo paraurti». Gli mostra dove, e cioè sullo stipite, e gli dice perché.

Un dai vers middai, je tèque le beusse et je sie un jeugne manne avec une grète nèque et un hatte avec une quainnde de lèsse tressés. Soudainement ce jeugne manne bi-queumze crézé et acquiouse un respectable seur de lui trider sur les toses. Puis il reunna vers un site eunoccupé.

A une lète aoure je le sie égaine; il vouoquait eupe et daoune devant la Ceinte Lazare stécheunne. Un beau lui guivait un advice à propos de beutone.

Un dèi, verso middèi, ho takato il bus and ho seen un yungo manno con uno greit necco e un hatto con una ropa texturata. Molto quicko questo yungo manno becoma crazo e acchiusa un molto respettabile sir di smashargli i fitti. Den quello runna tovardo un anocchiupato sitto.

Leiter lo vedo againo che ualcava alla steiscione Seintlàsar con uno friendo che gli ghiva suggestioni sopro un bàtton del cot.

Zun bjour hvers dmidi, dsur lla aplateforme zarriè-re zd'hun tautobus, gnon ploin ddu éparc Omonceaux, èje fremarquai hun éjeune phomme zau pcou strop mlong, cqui sexhibait hun tchapeau centouré d'zun agalon stressé zau mlieu ede truban. Bsoudain, zil tin-terpella sson svoisin zen aprétendant cque tcelui-tci rfaisait texprès ède zlui nmarcher ssur tles rpieds tcha-que gfois cqu'uil zmontait zou rdescendait édes jvoya-geurs. Hil babandonna trapidement lla xdiscussion épour sse ajeter ssur hune tplace uvide.

Gquelques cheures aplus atard, èje lle rrevis dde-vant lla agare Esaint-Blazare zen rgrande xconversa-tion zavec hun gcamarade cqui élui rdonnait édes fcon-seils zau tsujet dd'hun mbouton éde tson pppppppp-pppppppppppardessssssus.

Protesi

Pun pgiorno pverso pmezzogiorno psopra pla ppiattaforma pposteriore pd'un pautobus pdella plinea PS, pvedo un pgiovane pdal pcollo ptroppo plungo pche pportava un pcappello pcircondato pd'una pcordicella pintrecciata. Pegli ptosto papostrofò il psuo pvicino ppretendendo pche pcostui pfaceva papposta a ppestargli i ppiedi a pdogni pfermata.

Ppoi prapidamente pegli pabbandonò pla pdiscussione pper pgettarsi psu pdi un pposto plibero. Plo prividi pqualche pora ppiú ptardi palla pstazione Psaint-Plazare in pgran pconversazione pcon un pcompagno pche pgli psuggeriva pdi pfar prisalire un ppoco pil pbottone pdel psuo pppppppppsoprabito.

Épenthèses

Uon jouir vears mirdi, suir lea plateforome arrièare d'uin autoibus S, joe vois uin homime aiu conu troup loung quai poritait uin chaipeau enotouré d'uin galion tresasé avu lievu die ruaban. Tovut à covup iel interapella soin voiisin ein préteindant quie cealui-coi faissait exaprès die luvi marocher suar leis piedos chaique fouis qvu'ill monatait ovu desicendait deus voyagreurs. Iol abanodonna d'ailoleurs rapideument lia discusision povur sie jeiter suir uane plabce livbre.
Quelaques heubres pluis taird, jie lie rievis debvant lia gaire Savint-Lazxare ein grainde conoversation abvec uon camacrade quzi luzi dibsait die fagire relmonter uon pelu lie bobuton surpérieur die soin pardesssssssssssssssssssssus.

Epentesi

Uon giuorno vierso miezzogiorno suopra lua piat-
tafuorma puosteriore di uon autuobus diella lineia S
vuidi uon giuovane dual cuollo truoppo luongo chie
puortava uon cappiello circhiondato dua uona cuordi-
cella intrecciuata. Iegli tuosto apostruofò iel siuo vui-
cino prietendendo chie costiui faciueva appuosta a pe-
stuargli i piuedi uad uogni fiermata.

Puoi rapiduamente abbanduonò lua discussiuone
pier gettuarsi siu d'uon puosto libuero.

Luo rivuidi qualchue uora pioò tiardi davianti ualla
staziuone Suaint-Laziare uin gruan convuersazione
cuon uon cuompagno chie gli suggeriiva dui fuar ri-
sualire uon puoco il buottone diel siuo suuuuuuuuu-
uuuuuoprabito.

Paragoges

Ung jourz verse midir, surl laa plateformet arrièreu d'uno autobusi, j'aperçuss uno jeuneu hommeu aux coux tropr longg ett quie portaito ung chapeaux entou-rée d'ung galong tressés aux lieux deu rubann. Sou-dainj, ile interpellat sono voisino eno prétendanti que-ue celuio-cix faisaito exprèso deu luiv marcheri surb lesq piedsa chaquex foisa quh'ile montaiti oui descen-daiti desd voyageursi. Ilo abandonnat d'ailleurst rapi-demento lab discussiong pourv sei jeteri sura uneu placeu librex.

Quelquesu heuresu plusu tardu, jeu leu revisu de-vantu lau gareu Sainteu-Lazareu enu grandex conver-sationg aveco uno camaradeb quib luib disaitr dew fairex remontert leq boutonq supérieurm dek sonj par-dessussssssssssssssssssssssss.

Paragoge

Unc giornok versoc mezzogiornok soprac lak piatta-
formak posterioreg di ung autobusb dellac lineak SP
vidig ung giovanek dal collok troppok lungog chek
portavak ung cappelloc circondatog da unag cordicel-
lam intrecciatam.

Egli tostoz apostrofoz il suos vicinos pretendendoz
che costuiz facevaz appostaz a pestragliz i piedis ad
ognim fermatam.

Poiix rapidamentei abbandonoi lai discussionei per
gettarsii sui dii uni postoi liberoi.

Loa rividia qualchea orae piua tardii alla stazionei
Santi-Lazarei ini grani conversazionei coni uni compa-
gnoi che glie suggerivai dii fari risalirei uni pocoi il
bottonea deli suoi soprabitoiiiiiiiiiiiiiiiii.

Articles: le, la, les, une, des, du, au.

Substantifs: jour, midi, plate-forme, autobus, ligne S, côté, parc, Monceau, homme, cou, chapeau, galon, lieu, ruban, voisin, pied, fois, voyageur, discussion, place, heure, gare, saint, Lazare, conversation, camarade, échancrure, pardessus, tailleur, bouton.

Adjectifs: arrière, complet, entouré, grand, libre, long, tressé.

Verbes: apercevoir, porter, interpeller, prétendre, faire, marcher, monter, descendre, abandonner, jeter, revoir, dire, diminuer, faire, remonter.

Pronoms: je, il, se, le, lui, son, qui, celui-ci, que, chaque, tout, quelque.

Adverbes: peu, près, fort, exprès, ailleurs, rapidement, plus, tard.

Prépositions: vers, sur, de, en, devant, avec, par, à, avec, par, à.

Conjonctions: que, ou.

Parti del discorso

Articoli: il, la, gli, un, dei, del, al.

Sostantivi: giorno, mezzogiorno, piattaforma; autobus, linea, parco, Monceau, uomo, collo, cappello, gallone, posto, nastro, vicino, piede, volte, passeggeri, discussione, luogo, ora, stazione, Saint-Lazare, conversazione, amico, sciancratura, soprabito, bottone.

Aggettivi: posteriore, completo, circondato, grande, libero, lungo, intrecciata.

Verbi: scorgere, portare, interpellare, pretendere, fare, camminare, montare, scendere, abbandonare, gettarsi, rivederlo, dire, ridurre, fare, risalire.

Pronomi: io, lui, suo, costui, quello, che, chiunque, qualche.

Avverbi: poco, vicino, forte, apposta, altrove, rapidamente, più, tardi.

Preposizioni: di, a, da, in, con, su, per, fra, tra.

Congiunzioni: e, o.

Un juor vres miid, sru la palte-frome aièrrre d'un aubutos, je requarmai un hmome au cuo prot logn et au pacheau enrouté d'une srote de filecle. Soudian il prédentit qeu sno viosin liu machrait votonlairement sru lse pides. Mias étivant la quelerle il se prépicita sru enu pacle lirbe.

Duex heuser psul trad je le rvise denavt la grae Siant-Laraze en comgnapie d'un pernosnage qiu liu dannoit dse consiels au suejt d'un botuon.

Metatesi

Un goirno vreso mezzoigorno sproa la piattamorfa potseriore di un aubotus dlela nilea S divi un gionave dal clolo protpo lugno che protava un capplelo cirdoncato da una crodicella intercciata. Elgi aprostofò il sou vinico pertendendo che cotsui faveca apposat a petsargli i peidi da ogni fertama. Pio radipamente egli ababndonò la discusisone pre gettrasi su di tospo libreo.

Ol ridivi qualceh roa iup tradi in garn conservazione noc nu mocpagno ceh lgi suggreiva di fra rilasire nu pooc li bottnoe del sou soparbito.

Par devant par derrière

Un jour par devant vers midi par derrière sur la plate-forme par devant arrière par derrière d'un autobus par devant à peu près complet par derrière, j'aperçus par devant un homme par derrière qui avait par devant un long cou par derrière et un chapeau par devant entouré d'un galon tressé par derrière au lieu de ruban par devant. Tout à coup il se mit par derrière à engueuler par devant un voisin par derrière qui, disait-il par devant, lui marchait par derrière sur les pieds par devant, chaque fois qu'il montait par derrière des voyageurs par devant. Puis il alla par derrière s'asseoir par devant, car une place par derrière était devenue libre par devant.

Un peu plus tard par derrière je le revis par devant devant la gare Saint-Lazare par derrière avec un ami par devant qui lui donnait par derrière des conseils d'élégance.

Davanti e di dietro

Un giorno davanti verso mezzogiorno di dietro sulla piattaforma davanti e posteriore di dietro di un autobus davanti quasi completo di dietro vidi davanti un uomo di dietro che aveva davanti un collo lungo di dietro e un cappello davanti con una treccia di dietro al posto del nastro davanti. Di colpo di dietro quello davanti si mette ad assalire di dietro un vicino davanti che gli pestava di dietro i piedi davanti, ogni volta che di dietro qualcuno saliva davanti. Poi andò a sedersi davanti su di un posto di dietro rimasto libero davanti.

Poco dopo di dietro lo rividi davanti davanti alla Gare di dietro Saint-Lazare davanti con un amico di dietro che gli indicava davanti insinuandogli di dietro che avrebbe dovuto spostare davanti un bottone di dietro.

Sur la Joséphine arrière d'un Léon complet, j'aperçus un jour Théodule avec Charles le trop long et Gibus entouré par Trissotin et pas par Rubens. Tout à coup Théodule interpella Théodose qui piétinait Laurel et Hardy chaque fois que montaient ou descendaient des Poldèves. Théodule abandonna d'ailleurs rapidement Eris pour Laplace.

Deux Huyghens plus tard, je revis Théodule devant Saint-Lazare en grand Cicéron avec Brummell qui lui disait de retourner chez O'Rossen pour faire remonter Jules de trois centimètres.

Nomi propri

Sulla Veronica posteriore di un Teobaldo affollatissimo un giorno vidi Carlomagno con un Prospero troppo lungo e un Indro avvolto da una Berenice invece che da un Nasturzio. Di colpo Carlomagno interpellò Tizio che gli schiacciava Stanlio e Ollio ogni qual volta degli Amintori salivano o scendevano. Poi Carlomagno andò a Sedulio.

Due Orazi piú tardi lo rividi davanti a Lazzaro con un Oronzo che gli suggeriva di far risalire Ottone un po' piú Sulpicio.

Unvin jovur vevers mividin suvur unvin vautobo-
buvus deveu lava livignévé essévé, jeveu vapeverçu-
vus unvin jeveunovomme vavec unvin lonvong cou-
vou evet unvin chavapoveau envantouvourévé pavar
uvune fivicévelle ovau lieuveu deveu ruvubanvan.
Toutvoutavoucou ivil invinterverpevellava sonvon
voisouasinvin envan prévétenvandenvant quivil luivui macharvaichait suvur léves piévieds. Ivil avaban-
vandovonnava ravapivideveumenvant lava diviscuvus-
sivion povur seveu jevetéver suvur uvune plavaceveu
livibreveu.

Deveux heuveureuves pluvus tavard jeveu leveu re-
veuvivis deveuvanvant lava gavare Saivingt-Lavazava-
reveu envant granvandeveu convorséversavativion av-
vévec uvin cavamavaravadeveu quivi luivui divisait-
vait deveu divimivinivinuvuer l'évéchanvancruvure
deveu sonvon pavardeveusseuvus envan faivaisavant
revemonvontéver pavar quévelquinvun deveu com-
vonpévétenvant leveu bouvoutonvon suvupévérivieur
duvu pavardeveussuvus evan quiévestivion.

Giavanese

Ufun giofornofo vefersofo mefezzofogiofornofo su-
fun afautofobufus vefedofo ufun giofovafanofottofo
cofon ufun cafappefellofo cofon ufunafa trefecciafa
efe ufun cofollofo lufungofo.

Cofostufui bifistificciafa cofon ufun vificifinofo chefe glifi pefestafava ifi piefedifi. Pofoi coforrefe afa
ofoccufupafarefe ufun pofostofo lifibeferofo.

Pofocofo pifiufú tafardifi lofo rifivefedovo cofon
ufun afamificofo chefe glifi dificefe difi spofostafare-
fe ufun bofottofonefe suful sufuo sofoprafabifitofo.

Minuit. Il pleut. Les autobus passent presque vides. Sur le capot d'un AI du côté de la Bastille, un
vieillard qui a la tête rentrée dans les épaules et ne
porte pas de chapeau remercie une dame placée très
loin de lui parce qu'elle lui caresse les mains. Puis il
va se mettre debout sur les genoux d'un monsieur qui
occupe toujours sa place.

Deux heures plus tôt, derrière la gare de Lyon, ce
vieillard se bouchait les oreilles pour ne pas entendre
un clochard qui se refusait à dire qu'il lui fallait descendre d'un cran le bouton inférieur de son caleçon.

Mezzanotte. Piove. Gli autobus passano pressoché vuoti. Sul cofano di un A, dalle parti della Bastiglia, un vecchio con la testa incassata tra le spalle, senza cappello, ringrazia una signora seduta molto distante, perché gli carezza la mano. Poi va a mettersi in piedi sulle ginocchia di un signore che stava occupando il proprio posto.

Due ore prima, dietro alla Gare de Lyon, lo stesso vecchio si tappava le orecchie per non ascoltare un vagabondo che si rifiutava di dirgli che avrebbe dovuto abbassare di un posto il bottone inferiore delle sue mutande.

Macaronique

Sol erat in regionem zenithi et calor atmospheri magnissima. Senatus populusque parisiensis sudebant.
Autobi passebant completi. In uno ex supradictis autobibus qui S denominationem portebat, hominem
quasi junum, cum collo multi elongato et cum chapito
a galono tressato cerclato vidi. Iste junior insultavit
alterum hominem qui proximus erat: pietinat, inquit,
pedes meos post deliberationem animæ tuæ. Tunc sedem libram vidente, cucurrit là.

Sol duas horas in coelo habebat descendues. Sancti
Lazari stationem ferrocaminorum passente devant, junum supradictum cum altero ejusdem farinae qui arbiter elegantiarum erat et qui apropo uno ex boutonis capae junioris consilium donebat vidi.

Sol erat in regionem senithi et calor atmospheri magnissima. Senatus populusque parisensis sudabant. Autobi passabant completi. In uno ex supradictis autobibus qui S denominationem portabat, hominem quasi moscardinum cum collo multo elongato et cum capello a cordincula tressata cerclato vidi. Iste junior insultavit alterum hominem qui proximus erat: pietinat, inquit, pedes meos post deliberationem animae tuae. Tunc sedem liberam videns, cucurrit là.

Sol duas horas in coelo habebat descendutus. Sancti Lazari stationem ferroviariam passante davante, jovanottum supradictum cum altero ejusdem farinae qui arbiter elegantiarum erat et qui de uno ex boutonis cappotti junioris consilium donabat vidi.

Italianismes

Oune giorne en pleiné merigge, ié saille sulla plata-
forme d'oune otobousse et là quel ouome ié vidis? ié
vidis oune djiovanouome au longué col avé de la trec-
cie otour dou cappel. Et lé ditto djiovanouome ol-
tragge ouno pouovre ouome à qui il rimproveravait
de lui pester les pieds et il ne lui pestarait noullément
les pieds, mai quand il vidit oune sédie vouote, il cor-
rit por sedersilà.

À oune ouore dè là, ié lé révidis qui ascoltait les
consigles d'oune bellimbouste et zerbinotte a proposto
d'oune bouttoné dé pardéssousse.

Allora, un jorno verso mesojorno egli mi è arrivato di rencontrare su la bagnola de la linea Es un signor molto marante con un cappello tutt'affatto extraordinario, enturato da una fisella in luogo del rubano et un collo molto elongato. Questo signor là si è messo a discutar con un altro signor che gli pietinava sui piedi expresso; e minacciava di lui cassare la figura. Di' dunque! Tutto a colpo questo mecco va a seder su una piazza libera.

Due ore appresso lo rivedo sul trottatoio di Cour de Rome in treno di baladarsi con un copino che gli suggère come depiazzare il bottone del suo perdisopra. Tieni, tieni, tieni!

Poor lay Zanglay

Ung joor vare meedee ger preelotobüs poor la port Changparay. Eel aytay congplay, praysk. Jer mongtay kang maym ay lar jer vee ung ohm ahvayk ung long coo ay ung chahrpo hangtooray dünn saughrt der feessel trayssay. Sir mirssyer sir mee ang caughlayr contrer ung ingdeeveedüh kee lühee marshay sühr lay peehay, pühee eel arlah sarsswar.

Ung per plüh tarh jer ler rervee dervang lahr Garsinglahzahr ang congparhrgnee d'ung dangdee kee lühee congsayhiay der fare rermongtay d'ung crang ler bootong der song pahrdessüh.

Perlee Englaysee

Oon jornow versaw matzodjornow soola peatta-phormah pawstareoray dee oon howtoboos da li lee-nea S veedee oon johvanay dull calloh trop-o-loongo key portavah oon cappellow cheercondutaw di oona cordichalla intretch-chee-ah-tah. Hesso apostrophaw eel soo-oh veeceenaw deeschandaw key phachee-avah hap-postah ha pestarlee ee peadee toota la volta key kwalkoonaw saleevah o'smontavah.

Infeenay abbandonaw lah discussionay par jettarsee soo de oon postaw lebaraw. Law reveedee tampo doh-poh hallah Garsintlahzahr cawn oon companeo key lee sujehrrheevah dee faray reesaleera oon poh-coh eel buttone superioray da eel soprabeetaw.

Un mour vers jidi, sur la fate-plorme autière d'un arrobus, je his un vomme au fou lort cong et à l'enta-peau chouré d'une tricelle fessée. Toudain, ce sype ver-pelle un intoisin qui lui parchait sur les mieds. Cuis il pourut vers une vlace pibre.

Heux pleures tus dard, je le devis revant la sare Laint-Gazare en crain d'étouter les donseils d'un candy.

Contre pèteries

Mi mona battina, sulla fotta piarma auteriore di un postbus della sinea lesse, vidi un pipo cazzo e turioso, stocchioso come uno spruzzo, che cortava un pappello con una torda a creccia.

Questo mizio taleducato invicina un terpello che, lecondo sui, gli piedava gli schiacci ogni val quolta un suzzurro baliva.

Poi in beve si brutta in un vanto cacante.

Casi per quaso lo rivedo doco popo alla sanzione Stalazzaro, che crestava predito ai consigli di un candy circa il soprone del suo bottabito.

Botanique

Après avoir fait le poireau sous un tournesol merveilleusement épanoui, je me greffai sur une citrouille en route vers le champ Perret. Là, je déterre une courge dont la tige était montée en graine et le citron surmonté d'une capsule entourée d'une liane. Ce cornichon se met à enguirlander un navet qui piétinait ses plates-bandes et lui écrasait les oignons. Mais, des dattes! fuyant une récolte de châtaignes et de marrons, il alla se planter en terrain vierge.

Plus tard je le revis devant la Serre des Banlieusards. Il envisageait une bouture de pois chiche en haut de sa corolle.

Botanico

Dopo aver fatto il porro sotto un girasole fiorito, m'innestai su un cetriolo in rotta orto-gonale. Là sterrai uno zucchino dallo stelo inverosimilmente lungo, e il melone sormontato da un papavero avvolto da una liana. E questa melanzana si mette a inghirlandare una rapa che gli stava spiaccicando le cipolle. Datteri! Per evitar castagne, alla fine andò a piantarsi in terra vergine.

Lo rividi piú tardi al mercato ortofrutticolo. Si occupava di un pisellino proprio al sommo della sua corolla.

Après une petite séance d'héliothérapie, je craignis d'être mis en quarantaine, mais montai finalement dans une ambulance pleine de grabataires. Là, je diagnostique un gastralgique atteint de gigantisme opiniâtre avec élongation trachéale et rhumatisme déformant du ruban de son chapeau. Ce crétin pique soudain une crise hystérique parce qu'un cacochyme lui pilonne son tylosis gompheux, puis, ayant déchargé sa bile, il s'isole pour soigner ses convulsions.

Plus tard, je le revois, hagard devant un Lazaret, en train de consulter un charlatan au sujet d'un furoncle qui déparait ses pectoraux.

Dopo una breve seduta elioterapica, temendo d'esser messo in quarantena, salii finalmente su un'auto-ambulanza piena di casi clinici. Laggiú mi accade di diagnosticare un dispeptico ulceroso affetto da gigantismo ostinato con una curiosa elongazione tracheale e un nastro da cappello affetto da artrite deformante. Questo tale, preso subitamente da crisi isterica, accusa un maniaco depressivo di procurargli sospette fratture al metatarso. Poi, dopo una colica biliare, va a calmarsi le convulsioni su di un posto-letto.

Lo rivedo piú tardi al Lazzaretto, a consultar un ciarlatano su di un foruncolo che gli rovinava i muscoli pettorali.

Injurieux

Après une attente infecte sous un soleil ignoble, je finis par monter dans un autobus immonde où se serrait une bande de cons. Le plus con d'entre ces cons était un boutonneux au sifflet démesuré qui exhibait un galurin grotesque avec un cordonnet au lieu de ruban. Ce prétentiard se mit à râler parce qu'un vieux con lui piétinait les panards avec une fureur sénile; mais il ne tarda pas à se dégonfler et se débina dans la direction d'une place vide encore humide de la sueur des fesses du précédent occupant.

Deux heures plus tard, pas de chance, je retombe sur le même con en train de pérorer avec un autre con devant ce monument dégueulasse qu'on appelle la gare Saint-Lazare. Ils bavardochaient à propos d'un bouton. Je me dis: qu'il le fasse monter ou descendre son furoncle, il sera toujours aussi moche, ce sale con.

Ingiurioso

Dopo un'attesa repellente sotto un sole ignobile, sono finito su di un autobus immondo infestato da una banda di animali puzzolenti. Il piú puzzone tra questi puteolenti era un foruncoloso dal collo di pollastro che metteva in mostra una coppola grottesca con uno spago al posto del nastro. Questo pavone si mette a ragliare perché un puzzone del suo stampo gli pesticchiava gli zoccoli con furore senile. Ma si è sgonfiato presto ed è andato a defecarsi su di un posto ancora sbagnazzato del sudore delle natiche di un altro puzzone.

Due ore dopo, quando si dice la scalogna, mi imbatto ancora nello stesso puzzolente puzzone che sta ad abbaiare con un puzzone piú puzzone di lui, davanti a quel monumento ributtante che chiamano Gare Saint-Lazare. E tutti e due i puzzoni si sgocciolavan saliva addosso a proposito di un merdosissimo bottone. Ma che quel suo foruncolo salisse o scendesse su quella mondezza di cappotto, puzzone era e puzzone rimaneva.

Gastronomique

Après une attente gratinée sous un soleil au beurre noir, je finis par monter dans un autobus pistache où grouillaient les clients comme asticots dans un fromage trop fait. Parmi ce tas de nouilles, je remarquai une grande allumette avec un cou long comme un jour sans pain et une galette sur la tête qu'entourait une sorte de fil à couper le beurre. Ce veau se mit à bouillir parce qu'une sorte de croquant (qui en fut baba) lui assaisonnait les pieds poulette. Mais il cessa rapidement de discuter le bout de gras pour se couler dans un moule devenu libre.

J'étais en train de digérer dans l'autobus de retour lorsque devant le buffet de la gare Saint-Lazare, je revis mon type tarte avec un croûton qui lui donnait des conseils à la flan, à propos de la façon dont il était dressé. L'autre en était chocolat.

Dopo un'attesa gratinata sotto un sole al burro fuso, salii su di un autobus pistacchio dove i clienti bollivano come vermi in un gorgonzola ben maturo. Tra questi vermicelli in brodo v'era una specie di mazzancolla sgusciata dal collo lungo come un giorno senza pane, e un maritozzo sulla testa che aveva intorno un filo da tagliar la polenta. E questa mortadella si mette a friggere perché un altro salame gli stava stagionando quelle fette impanate che aveva al posto degli zamponi. Ma poi ha smesso di ragionar sulla rava e la fava, ed è andato a spurgarsi su di un colabrodo divenuto libero.

Stavo beatamente digerendo nell'autobus dopopranzo, quando davanti al ristorante di Saint-Lazare ti rivedo quella scamorza con un pesce bollito che gli dava una macedonia di consigli sul suo copritrippa. E l'altro si fondeva come una cassata.

Zoologique

Dans la volière qui, à l'heure où les lions vont boire, nous emmenait vers la place Champerret, j'aperçus un zèbre au cou d'autruche qui portait un castor entouré d'un mille-pattes. Soudain, le girafeau se mit à enrager sous prétexte qu'une bestiole voisine lui écrasait les sabots. Mais, pour éviter de se faire secouer les puces, il cavala vers un terrier abandonné.

Plus tard, devant le Jardin d'Acclimatation, je revis le poulet en train de pépier avec un zoziau à propos de son plumage.

Zoologico

Nella voliera che, all'ora del pasto dei leoni, ci portava alla piazza Champerret, vidi una zebra dal collo di struzzo che portava un castoro circondato da un millepiedi. Questa giraffa si mette a frinire col pretesto che una puzzola gli schiacciava gli artigli. Ma per non farsi spidocchiar a dovere, ecco che cavalca a cuccia.

Piú tardi, davanti allo zoo, rivedo lo stesso tacchino che razzola con un pappagallo, pigolando circa le loro piume.

Comment dire l'impression que produit le contact de dix corps pressés sur la plate-forme arrière d'un autobus S un jour vers midi du côté de la rue de Lisbonne? Comment exprimer l'impression que vous fait la vue d'un personnage au cou difformément long et au chapeau dont le ruban est remplacé, on ne sait pourquoi, par un bout de ficelle? Comment rendre l'impression que donne une querelle entre un voyageur placide injustement accusé de marcher volontairement sur les pieds de quelqu'un et ce grotesque quelqu'un en l'occurrence le personnage ci-dessus décrit? Comment traduire l'impression que provoque la fuite de ce dernier, déguisant sa lâcheté du veule prétexte de profiter d'une place assise?

Enfin comment formuler l'impression que cause la réapparition de ce sire devant la gare Saint-Lazare deux heures plus tard en compagnie d'un ami élégant qui lui suggérait des améliorations vestimentaires?

Impotente

Come esprimere l'impressione del contatto di tanti corpi ammonticchiati sulla piattaforma di un autobus S a mezzogiorno? Come dire il sentimento che si prova di fronte a un personaggio dal collo lungo, indicibilmente lungo, il cui cappello è avvolto, Dio sa perché, non da un nastro ma da una sorta di cordicella? Come manifestare il senso di pena che dà un litigio tra un tranquillo passeggero ingiustamente accusato di marciar volontariamente sui piedi di qualcuno – e questo grottesco qualcuno, nella fattispecie il personaggio sopradescritto? Come tradurre l'amarezza che ti provoca la fuga di costui, che maschera la sua viltà col pretesto di un posto a sedere?

Non è possibile, infine, raccontar della riapparizione di questo come-si-chiama di fronte alla Gare Saint-Lazare, due ore dopo, in compagnia di un individuo difficilmente descrivibile, che gli suggeriva operazioni vestimentarie di non facile esplicitazione.

Dans un omnibus, un jour, vers midi, il m'arriva d'assister à la petite tragi-comédie suivante. Un gode-lureau, affligé d'un long cou et, chose étrange, d'un petit cordage autour du melon (mode qui fait florès mais que je réprouve), prétextant soudain de la presse qui était grande, interpella son voisin avec une arrogance qui dissimulait mal un caractère probablement veule et l'accusa de piétiner avec une méthode systématique ses escarpins vernis chaque fois qu'il montait ou descendait des dames ou des messieurs se rendant à la porte de Champerret. Mais le gommeux n'attendit point une réponse qui l'eût sans doute amené sur le terrain et grimpa vivement sur l'impériale où l'attendait une place libre, car un des occupants de notre véhicule venait de poser son pied sur le mol asphalte du trottoir de la place Pereire.

Deux heures plus tard, comme je me trouvais alors moi-même sur cette impériale, j'aperçus le blanc-bec dont je viens de vous entretenir qui semblait goûter fort la conversation d'un jeune gandin qui lui donnait des conseils copurchic sur la façon de porter le pet-en-l'air dans la haute.

Okey baby, se vuoi proprio saperlo. Mezzogiorno, autobus, in mezzo a una banda di rammolliti. Il piú rammollito, una specie di suonato con un collo da strangolare con la cordicella che aveva intorno alla berretta. Un floscio incapace anche di fare il palo, che nel pigia-pigia, invece di dar di gomito e di tacco come un duro, piagnucola sul muso a un altro duro che dava di acceleratore sui suoi scarpini – tipi da colpire subito sotto la cintura e poi via, nel bidone della spazzatura. Baby, ti ho abituata male, ma ci sono anche ometti di questo tipo, beata te che non lo sai.

Okey, il nostro fiuta l'uppercut e si butta a sbavare su un posto per mutilati, perché un altro rammollito se l'era filata come se arrivasse la Madama.

Finis. Lo rivedo due ore dopo, mentre io tenevo duro sulla bagnarola, e che ti fa il paraplegico? Si fa metter le mani addosso da un floscio della sua razza, che gli fiata sulla balconata una storia di bottoni su e giú che sembrava Novella Duemila.

Les contacts entre habitants d'une grande ville sont tellement nombreux qu'on ne saurait s'étonner s'il se produit quelquefois entre eux des frictions d'un caractère en général sans gravité. Il m'est arrivé récemment d'assister à l'une de ces rencontres dépourvues d'aménité qui ont lieu en général dans les véhicules destinés aux transports en commun de la région parisienne aux heures d'affluence. Il n'y a d'ailleurs rien d'étonnant à ce que j'en aie été le spectateur, car je me déplace fréquemment de la sorte. Ce jour-là, l'incident fut d'ordre infime, mais mon attention fut surtout attirée par l'aspect physique et la coiffure de l'un des protagonistes de ce drame minuscule. C'était un homme encore jeune, mais dont le cou était d'une longueur probablement supérieure à la moyenne et dont le ruban du chapeau était remplacé par du galon tressé. Chose curieuse, je le revis deux heures plus tard en train d'écouter les conseils d'ordre vestimentaire que lui donnait un camarade en compagnie duquel il se promenait de long en large, avec négligence dirai-je.

Il n'y avait que peu de chances cette fois-ci pour qu'une troisième rencontre se produisît, et le fait est que depuis ce jour jamais je ne revis ce jeune homme, conformément aux raisonnables lois de la vraisemblance.

I contatti tra abitanti di una grande città sono cosí numerosi che non ci si deve stupire se talora si producono tra individui delle frizioni, generalmente non gravi. Mi è accaduto di recente di assistere a uno di questi scontri assai poco ameni che han luogo di solito sui veicoli destinati al trasporto urbano nella regione parigina, nell'ora di maggior affluenza. D'altra parte non deve stupire che abbia avuto l'occasione di esservi testimone perché frequento con regolarità tali mezzi. Quel giorno l'incidente fu di poca portata ma la mia attenzione fu subito attratta dall'aspetto fisico e dall'acconciatura di uno dei protagonisti di questo dramma in miniatura. Un uomo ancor giovane, con il collo di una lunghezza probabilmente superiore alla media, e col nastro sul cappello sostituito da un gallone intrecciato. Cosa curiosa, l'ho rivisto due ore dopo mentre prendeva una lezione di moda da un amico con cui passeggiava in lungo e in largo e, direi, con negligenza.

C'erano poche possibilità che si producesse un terzo incontro, e di fatto non ho piú rivisto colui, conformemente alle leggi della verosimiglianza e al secondo principio della termodinamica.

Portrait

Le stil est un bipède au cou très long qui hante les autobus de la ligne S vers midi. Il affectionne particulièrement la plate-forme arrière où il se tient, morveux, le chef couvert d'une crête entourée d'une excroissance de l'épaisseur d'un doigt, assez semblable à de la corde. D'humeur chagrine, il s'attaque volontiers à plus faible que lui, mais, s'il se heurte à une riposte un peu vive, il s'enfuit à l'intérieur du véhicule où il essaie de se faire oublier.

On le voit aussi, mais beaucoup plus rarement, aux alentours de la gare Saint-Lazare au moment de la mue. Il garde sa peau ancienne pour se protéger contre le froid de l'hiver, mais souvent déchirée pour permettre le passage du corps; cette sorte de pardessus doit se fermer assez haut grâce à des moyens artificiels. Le stil, incapable de les découvrir lui-même, va chercher alors l'aide d'un autre bipède d'une espèce voisine, qui lui fait faire des exercices.

La stilographie est un chapitre de la zoologie théorique et déductive que l'on peut cultiver en toute saison.

Lo stil è un bipede dal collo lungo che si aggira per gli autobus della linea S a mezzogiorno. Frequenta di solito le piattaforme posteriori dove s'intrespola, capriccioso, la testa sormontata da una cresta circondata a sua volta da una escrescenza dello spessore di un dito, assai simile a una funicella. Di umore ombroso, attacca volentieri animali piú deboli di lui ma, a una reazione vivace, si rifugia all'interno della gabbia, dove cerca di passare inosservato.

Lo si vede parimenti, ma è caso piú raro, intorno alle stazioni in periodo di muta. Conserva la vecchia pelle per proteggersi dai rigori dell'inverno, ma vi produce delle lacerazioni per consentire la fuoriuscita del corpo. Questa sorta di tunica deve essere rinserrata in alto grazie ad artifici meccanici. Lo stil, incapace di aprirla da solo, va a cercare l'aiuto di un bipede di specie affine, che gli fa compiere appositi esercizi.

La stilografia è un capitolo della zoologia teorica e deduttiva coltivabile in ogni stagione.

Géométrique

Dans un parallélépipède rectangle se déplaçant le long d'une digne droite d'équation $84x + S = y$, un homoïde A présentant une calotte sphérique entourée de deux sinusoïdes, au-dessus d'une partie cylindrique de longueur $l > n$, présente un point de contact avec un homoïde trivial B. Démontrer que ce point de contact est un point de rebroussement.

Si l'homoïde A rencontre un homoïde homologue C, alors le point de contact est un disque de rayon $r < l$. Déterminer la hauteur h de ce point de contact par rapport à l'axe vertical de l'homoïde A.

Geometrico

In un parallelepipedo rettangolo generabile attraverso la linea retta d'equazione $84x + S = y$, un omoide
A che esibisca una calotta sferica attorniata da due si-
nusoidi, sopra una porzione cilindrica di lunghezza
$l > n$, presenta un punto di contatto con un omoide
triviale B. Dimostrare che questo punto di contatto è
un punto di increspatura.

Se l'omoide A incontra un omoide omologo C, allora il punto di contatto è un disco di raggio $r < l$.

Determinare l'altezza h di questo punto di contatto
in rapporto all'asse verticale dell'omoide A.

Paysan

J'avions pas de ptits bouts de papiers avec un nu-
méro dssus, mais jsommes tout dmême monté dans
steu carriole. Une fois que j'm'y trouvons sus steu
plattforme de steu carriole qui z'appellent comm' ça
eux zautres un autobus, jeum'sentons tout serré, tout
gueurdi et tout racornissou. Enfin après qu'j'euyons
paillé, je j'tons un coup d'œil tout alentour de nott
peursonne et qu'est-ceu queu jeu voyons-ti pas? un
grand flandrin avec un d'ces cous et un d'ces couv-la-
tête pas ordinaires. Le cou, l'était trop long. L'cha-
piau, l'avait dla tresse autour, dame oui. Et pis, tout
à coup, le voilà-ti pas qui s'met en colère? Il a dit des
paroles de la plus grande méchanceté à un pauv' meus-
sieu qu'en pouvait mais et pis après ça l'est allé s'asseoir, le grand flandrin.
Bin, c'est des choses qu'arrivent comme ça que dans
une grande ville. Vous vous figurerez-vous-ti pas qu'
l'avons dnouveau rvu, ce grand flandrin. Pas plus tard
que deux heures après, dvant une grande bâtisse qui
pouvait ben être queuqu'chose comme le palais dl'é-
vêque de Pantruche, comme i disent eux zautres pour
appeler leur ville par son petit nom. L'était là lgrand
flandrin, qu'i sbaladait dlong en large avec un autt feignant dson espèce et qu'est-ce qu'i lui disait l'autt
feignant dson espèce? Li disait, l'autt feignant dson
espèce, l'i disait: «Tu dvrais tfaire mett sbouton-là un
ti peu plus haut, ça srait ben pluss chouette». Voilà
cqu'i lui disait au grand flandrin, l'autt feignant dson
espèce.

Uno poi dice la vita, neh... Ero montato sula corie-ra, no? e vado a sbatere in un balèngo col colo che so-miliava 'n polastro e 'n capelino legato con 'na corda, che mi cascasero gli ochi se dico bale, che non era un capelino ma somiliava 'n caciatorino fresco.

Va ben, poi sucede che quel tarluco, che secondo me sarò anche gnorante ma è bruta gente che dovre-bero meterla al Cotolèngo, si buta a fare un bordelo del giüda faus con un altro che gli sgnacava i gomiti nei reni, che deve far 'n male boja, mi ricordo quando c'avevo i calcoli e le coliche, che sono andato a fare li esami da un profesorone di queli là, e fortuna che non era un bruto male come quelo del Masulu che l'anno aperto e l'anno chiuso, diu che brute robe ci sono a sto mondo, certe volte è melio che il siniore ci dà un bel lapone e via.

Cara grasia che quela storia de la coriera a l'è finita ancora bene perché quel tabalorio là non l'a piantata tropo lunga e l'è andato a stravacarsi da n'altra parte.

Certe volte mi domando se le combinasioni uno le fa aposta o no, ma guarda te, mi venise l'ochio cipoli-no sul ditone del piede se dico bugía, crusin cruson, due ore dopo vado a sbatere proprio in quelo di prima, davanti alla stasione de le coriere, che parla con uno vestito da siniore che toca qui toca la, li dice di stare piú abotonato.

Oh basta là, quei lí ci an proprio del tempo da per-dere.

Interjections

Psst! heu! ah! oh! hum! ah! ouf! eh! tiens! oh!
peuh! pouah! ouïe! hou! aïe! eh! hein! heu! pfuitt!
Tiens! eh! peuh! oh! heu! bon!

Psst! Ehi! Ah! Oh! Hum! Ouf! Eh! Toh! Puah! Ahia!
Ouch! Ellalla'! Pffui! No!? Sí? Boh! Beh? Ciumbia! Urca!
ma va!
Che?!! Acchio! Te possino! Non dire! Vabbé! Bravo!
Ma no!

C'était aux alentours d'un juillet de midi. Le soleil
dans toute sa fleur régnait sur l'horizon aux multiples
tétines. L'asphalte palpitait doucement, exhalant cette
tendre odeur goudronneuse qui donne aux cancéreux
des idées à la fois puériles et corrosives sur l'origine
de leur mal. Un autobus à la livrée verte et blanche,
blasonné d'un énigmatique S, vint recueillir du côté
du parc Monceau un petit lot favorisé de candidats
voyageurs aux moites confins de la dissolution sudo-
ripare. Sur la plate-forme arrière de ce chef-d'œuvre
de l'industrie automobile française contemporaine, où
se serraient les transbordés comme harengs en caque,
un garnement, approchant à petits pas de la trentaine
et portant, entre un cou d'une longueur quasi serpen-
tine et un chapeau cerné d'un cordaginet, une tête
aussi fade que plombagineuse, éleva la voix pour se
plaindre avec une amertume non feinte et qui semblait
émaner d'un verre de gentiane, ou de tout autre liqui-
de aux propriétés voisines, d'un phénomène de heurt
répété qui selon lui avait pour origine un co-usager
présent *hic et nunc* de la STCRP. Il prit pour lever sa
plainte le ton aigre d'un vieux vidame qui se fait pin-
cer l'arrière-train dans une vespasienne et qui, par extraordinaire, n'approuve point cette politesse et ne
mange pas de ce pain-là. Mais, découvrant une place
vide, il s'y jeta.

Plus tard, comme le soleil avait déjà descendu de
plusieurs degrés l'escalier monumental de sa parade
céleste et comme de nouveau je me faisais véhiculer

Era il trionfo del demone meridiano. Il sole accarez-
zava con accecante virilità le opime mammelle dell'o-
rizzonte ambrato. L'asfalto palpitava goloso esalando
gli acri incensi del suo canceroso catrame roso da ro-
sate lepre. Carro falcato, cocchio regale, gravido di
enigmatica e sibilante impresa, l'automotore ruggí a
raccoglier messe umana molle di molli afrori, dissolta
in esangui foschie al parco che tu dici Monceau, o Er-
mione. Sulla lucida piattaforma di quella macchina da
guerra della gallica audacia, ove la folla s'inebria di
amebiche voluttà, un efebo, di poco avanti alla stagione che ci fa mesti, con una calotta fenicia onusta di
serpenti, la voce esile dal sapor di genziana, alto levò
un clamore, e l'amarezza dei suoi lombi espanse, e de'
suoi calzari feriti da un barbaro, da un oplite ferigno,
da un silvestre peltasta.

Poscia, anelante e madido, cercò riposo, esangue di
deliquio.

Di poco la clessidra avea sbavato i suoi rugosi umo-

par un autre autobus de la même ligne, j'aperçus le personnage plus haut décrit qui se mouvait dans la Cour de Rome de façon péripatétique en compagnie d'un individu *ejusdem farinœ* qui lui donnait, sur cette place vouée à la circulation automobile, des conseils d'une élégance qui n'allait pas plus loin que le bouton.

ri e ancora il vidi, alla Corte di Roma, astato come bronzo, con un sodale dal volto d'Erma e senza cigli, androgino Alcibiade che il petto gli indicava, il dito come strale, l'ugne tese a ferire. E con voce d'opale, di un bottone diceva, e di sua ascesa, a illeggiadrir la taglia, e a tener la rugiada umida lungi.

Les copains étaient assis autour d'une table de café lorsque Albert les rejoignit. Il y avait là René, Robert, Adolphe, Georges, Théodore.

— Alors ça va? demanda cordialement Robert.

— Ça va, dit Albert.

Il appela le garçon.

— Pour moi, ce sera un picon, dit-il.

Adolphe se tourna vers lui:

— Alors, Albert, quoi de neuf?

— Pas grand-chose.

— Il fait beau, dit Robert.

— Un peu froid, dit Adolphe.

— Tiens, j'ai vu quelque chose de drôle aujourd'hui, dit Albert.

— Il fait chaud tout de même, dit Robert.

— Quoi? demanda René.

— Dans l'autobus, en allant déjeuner, répondit Albert.

— Quel autobus?

— L'S.

— Qu'est-ce que tu as vu? demanda Robert.

— J'en ai attendu trois au moins avant de pouvoir monter.

— A cette heure-là ça n'a rien d'étonnant, dit Adolphe.

— Alors qu'est-ce que tu as vu? demanda René.

— On était serrés, dit Albert.

— Belle occasion pour le pince-fesse.

— Peuh! dit Albert. Il ne s'agit pas de ça.

Gli amici erano riuniti al bar quando Alberto li rag-
giunse. V'eran Renato, Roberto, Adolfo, Giorgio e
Teodoro.
— Come va? domandò cordialmente Roberto.
— Non c'è male, disse Alberto.
Chiamò il cameriere.
— Pernod, disse.
Adolfo si voltò verso di lui.
— Allora, Alberto, che c'è di nuovo?
— Non molto.
— È una bella giornata, disse Roberto.
— Un po' freddina, disse Adolfo.
— Sai, ho visto una cosa curiosa oggi, disse Alberto.
— Però fa caldo lo stesso, disse Roberto.
— Cosa? domandò Renato.
— Sull'autobus, tornando a casa, disse Alberto.
— Quale autobus?
— La S.
— E che cosa hai visto? domandò Roberto.
— Ne ho attesi tre, prima di poter salire.
— A quell'ora è normale, disse Adolfo.
— Ma allora, cosa hai visto? domandò Renato.
— Eravamo pigiatissimi, disse Alberto.
— Occasione buona per un palpeggio.
— Ah, disse Alberto, non è quello...

— Raconte alors.

— A côté de moi il y avait un drôle de type.

— Comment? demanda René.

— Grand, maigre, avec un drôle de cou.

— Comment? demanda René.

— Comme si on lui avait tiré dessus.

— Une élongation, dit Georges.

— Et son chapeau, j'y pense: un drôle de chapeau.

— Comment? demanda René.

— Pas de ruban, mais un galon tressé autour.

— Curieux, dit Robert.

— D'autre part, continua Albert, c'était un râleur ce type.

— Pourquoi ça? demanda René.

— Il s'est mis à engueuler son voisin.

— Pourquoi ça? demanda René.

— Il prétendait qu'il lui marchait sur les pieds.

— Exprès? demanda Robert.

— Exprès, dit Albert.

— Et après?

— Après? Il est allé s'asseoir, tout simplement.

— C'est tout? demanda René.

— Non. Le plus curieux c'est que je l'ai revu deux heures plus tard.

— Où ça? demanda René.

— Devant la gare Saint-Lazare.

— Qu'est-ce qu'il fichait là?

— Je ne sais pas, dit Albert. Il se promenait de long en large avec un copain qui lui faisait remarquer que le bouton de son pardessus était placé un peu trop bas.

— C'est en effet le conseil que je lui donnais, dit Théodore.

– E allora dicci!

– Vicino a me c'era un tipo buffo.

– Come? domandò Renato.

– Come se lo avessero allungato.

– Supplizio di stiramento, disse Giorgio.

– E il cappello... un cappello curioso...

– Come? domandò Renato.

– Niente nastro. Una treccia.

– Le pensano tutte, disse Roberto.

– D'altra parte, continuò Alberto, era un attacca-brighe.

– Perché? domandò Renato.

– Piantava grane col vicino.

– In che modo? domandò Renato.

– Diceva che gli pestava i piedi.

– Apposta? domandò Roberto.

– Apposta, disse Alberto.

– Tutto qui? domandò Renato.

– No. La cosa curiosa è che l'ho rivisto due ore dopo.

– Dove?

– Alla Gare Saint-Lazare.

– E che diavolo ci faceva?

– Non so, disse Alberto. Andava avanti e indietro con un amico che gli faceva notare che un bottone del suo soprabito era troppo basso.

– È esattamente il consiglio che gli ho dato, disse Teodoro.

Indice

p. V   *Introduzione* di Umberto Eco

Esercizi di stile

2   *Notations*
     Notazioni

4   *En partie double*
     Partita doppia

6   *Litotes*
     Litoti

8   *Métaphoriquement*
     Metaforicamente

10   *Rétrograde*
     Retrogrado

12   *Surprises*
     Sorprese

14   *Rêve*
     Sogno

16   *Pronostications*
     Pronostici

18   *Synchyses*
     Sinchisi

20   *L'arc-en-ciel*
     Arcobaleno

22   *Logo-rallye*
     Logo-rallye

p. 24 *Hésitations*
Esitazioni

26 *Précisions*
Precisazioni

28 *Le côté subjectif*
Aspetto soggettivo 1

30 *Autre subjectivité*
Altro aspetto soggettivo

32 *Récit*
Svolgimento

34 *Composition de mots*
Parole composte

36 *Négativités*
Negatività

38 *Animisme*
Animismo

40 *Anagrammes*
Anagrammi

42 *Distinguo*
Distinguo

44 *Homéotéleutes*
Omoteleuti

46 *Lettre officielle*
Lettera ufficiale

48 *Prière d'insérer*
Comunicato stampa

50 *Onomatopées*
Onomatopee

52 *Analyse logique*
Analisi logica

56 *Insistance*
Insistenza

p. 60 *Ignorance*
Ignoranza

62 *Passé indéfini*
Passato prossimo

64 *Présent*
Presente

66 *Passé simple*
Passato remoto

68 *Imparfait*
Imperfetto

70 *Alexandrins*
Canzone

72 *Polyptotes*
Poliptoti

74 *Apocopes*
Apocopi

76 *Aphérèses*
Aferesi

78 *Syncopes*
Sincopi

80 *Moi je*
Me, guarda...

82 *Exclamations*
Esclamazioni

84 *Alors*
Dunque, cioè

86 *Alors*
Vero?

88 *Ampoulé*
Ampolloso

90 *Vulgaire*
Volgare

p. 92 *Interrogatoire*
Interrogatorio

96 *Comédie*
Commedia

100 *Apartés*
A parte

102 *Paréchèses*
Parechesi

104 *Fantomatique*
Fantomatico

108 *Philosophique*
Filosofico

110 *Apostrophe*
Apostrofe

112 *Maladroit*
Maldestro

116 *Désinvolte*
Disinvolto

120 *Partial*
Pregiudizi

124 *Sonnet*
Sonetto

126 *Olfactif*
Olfattivo

128 *Gustatif*
Gustativo

130 *Tactile*
Tattile

132 *Visuel*
Visivo

134 *Auditif*
Auditivo

p. 136   *Télégraphique*
        Telegrafico

138   *Ode*
        Ode

144   *Permutations par groupes croissants de lettres*
        Permutazioni per gruppi crescenti di lettere

146   *Permutations par groupes croissants de mots*
        Permutazioni per gruppi crescenti di parole

148   *Hellénismes*
        Ellenismi

150   *Réactionnaire*
        Reazionario

154   *Ensembliste*
        Insiemista

156   *Définitionnel*
        Definizioni

158   *Tanka*
        Tanka

160   *Vers libres*
        Versi liberi

162   *Lipogramme*
        Lipogrammi

166   *Translation*
        Sostituzioni

168   *Anglicismes*
        Anglicismi

170   *Prosthèses*
        Protesi

172   *Épenthèses*
        Epentesi

174   *Paragoges*
        Paragoge

p. 176   *Parties du discours*
       Parti del discorso

178   *Métathèses*
       Metatesi

180   *Par devant par derrière*
       Davanti e di dietro

182   *Noms propres*
       Nomi propri

184   *Javanais*
       Giavanese

186   *Antonymique*
       Controverità

188   *Macaronique*
       Latino maccheronico

190   *Italianismes*
       Francesismi

192   *Poor lay Zanglay*
       Perlee Englaysee

194   *Contre-petteries*
       Contre pèteries

196   *Botanique*
       Botanico

198   *Médical*
       Medico

200   *Injurieux*
       Ingiurioso

202   *Gastronomique*
       Gastronomico

204   *Zoologique*
       Zoologico

206   *Impuissant*
       Impotente

p. 208   *Modern style*
      Modern style

210   *Probabiliste*
      Probabilista

212   *Portrait*
      Ritratto

214   *Géométrique*
      Geometrico

216   *Paysan*
      Contadino

218   *Interjections*
      Interiezioni

220   *Précieux*
      Prezioso

224   *Inattendu*
      Inatteso

237

Finito di stampare il 24 settembre 1983
per conto della Giulio Einaudi editore s. p. a.
presso le Industrie Grafiche G. Zeppegno & C. s. a. s, Torino
Ristampa identica alla precedente del 2 luglio 1983

C. L. 5620-0
.

Gli struzzi

1 Bulgakov, *Il Maestro e Marghe-rita*.
2 *Autobiografia di Malcolm X.*
3 *Poesia italiana del Novecento*, a cura di Edoardo Sanguineti (due volumi).
4 Fenoglio, *Il partigiano Johnny*.
5 Calvino, *Gli amori difficili*.
6 Salinger, *Il giovane Holden*.
7 Grimm, *Fiabe*.
8 Andersen, *Fiabe*.
9 Ceram, *Civiltà sepolte*.
10 Deakin, *Storia della repubblica di Salò* (due volumi).
11 *Orlando furioso di Ludovico Ario-sto* raccontato da Italo Calvino. Con una scelta del poema.
12 *Gerusalemme liberata di Torqua-to Tasso* raccontata da Alfredo Giuliani. Con una scelta del poema.
13 Lee Masters, *Antologia di Spoon River*.
14 Rodari, *Favole al telefono*.
15 I capolavori di Brecht. *L'opera da tre soldi. Santa Giovanna dei Macelli. L'eccezione e la regola, Madre Courage e i suoi figli*.
16 I capolavori di Brecht. *Vita di Galileo, L'anima buona del Se-zuan, Il signor Puntila e il suo servo Matti, Il cerchio di gesso del Caucaso*.
17 Solženicyn, *Una giornata di Ivan Denisovič. La casa di Matrjona. Alla stazione*.
18 *Ultime lettere da Stalingrado*.
19 Morante, *Il mondo salvato dai ra-gazzini e altri poemi*.
20 Gadda, *La cognizione del dolore*.
21 Gramsci, *Lettere dal carcere*. Una scelta a cura di Paolo Spriano.
22 De Sanctis, *Storia della letteratu-ra italiana* (due volumi).

23 Cassola, *Un cuore arido*.
24 *Fiabe italiane* raccolte e trascritte da Italo Calvino (due volumi).
25 Parise, *Il padrone*.
26 Musil, *L'uomo senza qualità* (due volumi).
27 Bilenchi, *Il processo di Mary Du-gan e altri racconti*.
28 Rodari, *Filastrocche in cielo e in terra*.
29 Dostoevskij, *I demonî*.
30 Ghirelli, *Storia del calcio in Ita-lia*.
31 Jovine, *Le terre del Sacramento*.
32 Montaldi, *Autobiografie della leg-gera*.
33 Romano (Lalla), *Le parole tra noi leggère*.
34 Cervantes, *Don Chisciotte della Mancia* (due volumi).
35 *Le mille e una notte*. Prima ver-sione integrale dall'arabo diret-ta da Francesco Gabrieli (quat-tro volumi).
36 Pantaleone, *Mafia e politica*.
37 Catullo, *Le poesie*. Versioni e una nota di Guido Ceronetti.
38 Greene, *Il nemico. L'imperiali-smo*.
39 Carson, *Il mare intorno a noi*.
40 Von Hagen, *La Grande Strada del Sole*.
41 *Le meraviglie del possibile. Anto-logia della fantascienza*. A cura di Sergio Solmi e Carlo Frut-tero.
42 Bianco, *Guerra partigiana*.
43 *Lettere di condannati a morte del-la Resistenza italiana (8 settem-bre 1943 - 25 aprile 1945)*. A cura di Piero Malvezzi e Gio-vanni Pirelli. Prefazione di En-zo Enriques Agnoletti.
44 Pavese, *Vita attraverso le lettere*. A cura di Lorenzo Mondo.
45 *La storia dell'arte raccontata da E. H. Gombrich*.
46 Fitzgerald, *Tenera è la notte*.
47 *Teatro di Eduardo De Filippo. I capolavori di Eduardo* (due vo-lumi).
48 Rabelais, *Gargantua e Pantagrue-le*. A cura di Mario Bonfantini (due volumi).
49 *I fratelli di Soledad*. Lettere dal carcere di George Jackson.
50 Barthes, *Miti d'oggi*.
51 Tolstòj, *Guerra e pace* (quattro volumi).
52 Solženicyn, *Reparto C*.

53 Perrault, *I racconti di Mamma l'Oca* seguito da *Le Fate alla moda* di Madame d'Aulnoy.

54 Le commedie di Dario Fo.
I: *Gli arcangeli non giocano a flipper - Aveva due pistole con gli occhi bianchi e neri - Chi ruba un piede è fortunato in amore.*

55 Le commedie di Dario Fo.
II: *Isabella, tre caravelle e un cacciaballe - Settimo: ruba un po' meno - La colpa è sempre del diavolo.*

56 Einaudi, *Prediche inutili.*

57 Pirelli, *L'altro elemento.* Quattro romanzi.

58 Morante, *La Storia. Romanzo.*

59 Dumas, *I tre moschettieri.*

60 Flaubert, *L'educazione sentimentale.*

61 Böll, *Foto di gruppo con signora.*

62 Snow, *Stella rossa sulla Cina.*

63 Afanasjev, *Antiche fiabe russe.*

64 Salvatorelli, *Sommario della storia d'Italia.*

65 Lindbergh, *Spirit of St. Louis.*

66 Čechov, *Racconti* (cinque volumi).

67 Parise, *Il prete bello.*

68 Tolstòj, *Anna Karénina* (due volumi).

69 Eduardo De Filippo presenta *Quattro commedie* di Eduardo e Vincenzo Scarpetta.

70 Morante, *L'isola di Arturo.*

71 Stajano, *Il sovversivo.*

72 Morante, *Menzogna e sortilegio Romanzo.*

73 Stendhal, *Dell'amore.*

74 Levi (Carlo), *Cristo si è fermato a Eboli.*

75 Il teatro italiano. I: *Dalle origini al Quattrocento* (due tomi).

76 *Le poesie di Eduardo.*

77 France, *Gli dèi hanno sete.*

78 Le commedie di Dario Fo.
III: *Grande pantomima con bandiere e pupazzi piccoli e medi - L'operaio conosce 300 parole il padrone 1000 per questo lui è il padrone - Legami pure che tanto io spacco tutto lo stesso.*

79 Dickens, *Grandi speranze.*

80 Conrad, *Racconti di mare e di costa.*

81 Dreiser, *Nostra Sorella Carrie.*

82 *I lirici greci.*

83 Volponi, *La macchina mondiale.*

84 Storie di fantasmi, *Antologia di racconti anglosassoni del soprannaturale.*

85 Brecht, *Diario di lavoro* (due volumi).

86 Maupassant, *Una vita.*

87 Parise, *Guerre politiche.*

88 Salierno, *Autobiografia di un picchiatore fascista.*

89 James, *Ritratto di signora.*

90 Platone, *Dialoghi.*

91 Brecht, *Poesie di Svendborg* seguite dalla *Raccolta Steffin.*

92-95 France, *Storia contemporanea.*
(92) *L'olmo del Mail.*
(93) *Il manichino di vimini.*
(94) *L'anello di ametista.*
(95) *Il signor Bergeret a Parigi.*

96 Mann, *I Buddenbrook.*

97 Jacomuzzi, *Storia delle Olimpiadi.*

98 Dreiser, *Il titano.*

99 Molière, Saggi e traduzioni di Cesare Garboli. *La Principessa d'Elide, Tartufo o L'Impostore, Don Giovanni o Il festino di Pietra, Il borghese gentiluomo, Il malato immaginario.*

100 Stendhal, *Romanzi e racconti.*
(101) *Armance.*
(102) *Il rosso e il nero.*
(103) *Lucien Leuwen* (due volumi).
(104) *Vita di Henry Brulard.*
(105) *La Certosa di Parma.*
(106) *Cronache italiane.*
(107) *Lamiel.*
(108) *Racconti e novelle.*

109 Bellow, *Le avventure di Augie March.*

110 Arbasino, *Fratelli d'Italia.*

111 Huberman, *Storia popolare degli Stati Uniti.*

112 Stendhal, *Ricordi di egotismo.*

113 Il teatro italiano. II: *La commedia del Cinquecento* (tomo primo).

114 Il teatro italiano. II: *La commedia del Cinquecento* (tomo secondo).

115 Il teatro italiano. II: *La commedia del Cinquecento* (tomo terzo).

116 Tofano, *Il romanzo delle mie delusioni.*

117 Renard, *Storie naturali.*

118 Lodi, *Cipì.*

119 Rodari, *Novelle fatte a macchina.*

120 Stendhal, *Memorie di un turista* (due volumi).

121 Stendhal, *Diario* (due volumi).

122 Castronovo, *Giovanni Agnelli. La Fiat dal 1899 al 1945.*

123 Romano (Lalla), *La penombra che abbiamo attraversato.*

124 Manzini, *Una vita operaia.*

125 Le commedie di Dario Fo.
   IV: *Vorrei morire anche stasera se dovessi pensare che non è servito a niente - Tutti uniti! tutti insieme! Ma scusa, quello non è il padrone? - Fedayn.*

126 Breton, *Poesie.*

127 Babel', *L'Armata a cavallo.*

128 Tolstòj, *Quattro romanzi.*

129 Casula, *Impara l'arte.*

130 Golia, *È arrivato un bastimento.*

131 Le commedie di Dario Fo.
   V: *Mistero buffo - Ci ragiono e canto.*

132 Revelli, *Il mondo dei vinti. Testimonianze di vita contadina.*
   I. *Introduzione. La pianura. La collina.*
   II. *La montagna. Le Langhe.*

133 Luzzati Conte, *Facciamo insieme teatro.*

134 Stajano-Fini, *La forza della democrazia.*

135 Pischel, *Lo spettacolo della città.*

136 Saladino, *Terra di rapina. Come un contadino siciliano può diventare bandito.*

137 Chierici, *Malgrado le amorevoli cure. I baroni della medicina.*

138 Darien, *Il ladro.*

139 Emiliani, *L'Italia mangiata. Lo scandalo degli enti inutili.*

140 Gogol', *Le anime morte.*

141 *Vita di Oscar Wilde attraverso le lettere.*

142 *L'autobiografia di Mamma Jones.*

143 Rodari, *Il libro degli errori.*

144 Medail, *Sotto le stellette. Il movimento dei militari democratici.*

145 *Il teatro italiano. II: La tragedia del Cinquecento* (due tomi).

146 Rodari, *Tante storie per giocare.*

147 Arbasino, *Certi romanzi.*

148 Papuzzi, *Portami su quello che canta. Processo a uno psichiatra.*

149 *Colloqui con Marx e Engels.* Testimonianze sulla vita di Marx e Engels raccolte da Hans Magnus Enzensberger.

150 Guidetti Serra, *Compagne* (due volumi).

151 Fortini, *Questioni di frontiera. Scritti di politica e di letteratura 1965-1977.*

Silvestri, *La decadenza dell'Europa occidentale.*

152 I. *Anni di trionfo 1890-1914.*

153 II. *L'esplosione 1914-1922.*

154 III. *Equilibrio precario 1922-1939.*

155 IV. *La catastrofe 1939-1946* (in preparazione).

156 D'Arzo, *Penny Wirton e sua madre.* A cura di Rodolfo Macchioni Jodi.

157 Carroll, *Alice nel Paese delle Meraviglie e Attraverso lo Specchio.*

158 Beccaria Rolfi-Bruzzone, *Le donne di Ravensbrück. Testimonianze di deportate politiche italiane.*

159 Stein, *Autobiografia di Alice Toklas.* Traduzione di Cesare Pavese.

160 Rodari, *C'era due volte il barone Lamberto ovvero I misteri dell'isola di San Giulio.*

161 Canosa, *Storia di un pretore.*

162 Vollard, *Ricordi di un mercante di quadri.*

163 Fazio, *L'inganno nucleare.*

164 Vian, *Teatro.* Introduzione di Guido Davico Bonino. Traduzione di Massimo Castri e Maria Grazia Topognani.

165 Beauvoir, *Memorie d'una ragazza per bene.* Traduzione di Bruno Fonzi.

166 Beauvoir, *L'età forte.* Traduzione di Bruno Fonzi.

167 Beauvoir, *La forza delle cose.* Traduzione di Bianca Garufi.

168 Beauvoir, *A conti fatti.* Traduzione di Bruno Fonzi.

169 Manzini, *Indagine su un brigatista rosso. La storia di Walter Alasia.*

170 Arbasino, *Super-Eliogabalo.*

171 Völker, *Vita di Bertolt Brecht.*

172 Rousseau, *Le confessioni.*

173 Stevenson, *Il Signor di Ballantrae.*

174 Denti, *I bambini leggono. Una guida alla scelta.*

175 Rodari, *La gondola fantasma. Gli affari del signor Gatto. I viaggi di Giovannino Perdigiorno.*

176 Lodi, *La mongolfiera.*

177-83 Proust, *Alla ricerca del tempo perduto.* Nuova edizione a cura di Mariolina Bongiovanni Bertini. Prefazione di Giovanni Macchia.

  (177) *La strada di Swann.* Traduzione di Natalia Ginzburg.

  (178) *All'ombra delle fanciulle in fiore.* Traduzione di Franco Calamandrei e Nicoletta Neri.

  (179) *I Guermantes.* Traduzione di Mario Bonfantini.

  (180) *Sodoma e Gomorra.* Traduzione di Elena Giolitti.

  (181) *La prigioniera.* Traduzione di Paolo Serini.

  (182) *La fuggitiva.* Traduzione di Franco Fortini.

  (183) *Il tempo ritrovato.* Traduzione di Giorgio Caproni.

184 Stajano, *Africo. Una cronaca italiana di governanti e governati, di mafia, di potere e di lotta.*

185 Pantaleone, *Mafia e droga.*

186 Beauvoir, *I Mandarini.*

187 Marco Valerio Marziale, *Epigrammi.*

188 Miller, *L'incubo ad aria condizionata.*

189 Miller, *Ricordati di ricordare.*

190 Miller, *Big Sur e le arance di Hieronymus Bosch.*

191 Foscolo, *Storia della letteratura italiana per saggi.* A cura di Mario Alighiero Manacorda.

192 Pasolini, *Ragazzi di vita.* In Appendice *Il metodo di lavoro* e *I parlanti.*

193 Stevenson, *L'isola del tesoro.*

194 Pasolini, *Descrizioni di descrizioni.*

195 Fortis de Hieronymis, *Cosí per gioco...*

196 Blasquez, *Gaston Lucas, fabbro ferraio.*

197 Lodi, *Il permesso.*

198 Gončaròv, *Oblòmov.*

199 Doderer, *I demoni* (tre tomi).

200 Pasolini, *Una vita violenta.*

201 Morganti, *Come si diventa giornalista?*

202 Medici, *Vite di poliziotti.*

203 Barthes, *Frammenti di un discorso amoroso.*

204 Sciascia, *Nero su nero.*

205 Revelli, *La guerra dei poveri.*

206 *Fiabe africane.*

207 Roncaglia, *Il jazz e il suo mondo.*

208 *Il teatro italiano.* V: *La commedia e il dramma borghese dell'Ottocento* (tomo primo).

209 *Il teatro italiano.* V: *La commedia e il dramma borghese dell'Ottocento* (tomo secondo).

210 *Il teatro italiano.* V: *La commedia e il dramma borghese dell'Ottocento* (tomo terzo).

211 Ponchiroli, *Le avventure di Barzamino.*

212 Bruzzone, *Ci chiamavano matti.*

213 Reed, *Il Messico insorge.*

214 Gallo Barbisio, *I figli piú amati.*

215 *Un processo per stupro.*

216 Pasolini, *Lettere luterane.*

217 Belyj, *Pietroburgo.*

218 Michelet, *La strega.*

219 Calvino, *Una pietra sopra. Discorsi di letteratura e società.*

220 *Barthes di Roland Barthes.*

221 Butler, *Cosí muore la carne.*

222 Opere di Elio Vittorini:

  1. *Piccola borghesia.*

  2. *Sardegna come un'infanzia.*

  3. *Il garofano rosso.*

  4. *Conversazione in Sicilia.*

  5. *Uomini e no.*

  6. *Il Sempione strizza l'occhio al Frejus.*

  7. *Le donne di Messina.*

  8. *Erica e i suoi fratelli - La garibaldina.*

  9. *Diario in pubblico.*

  10. *Le città del mondo.*

223 Rodari, *Il gioco dei quattro cantoni.*

224 Signoret, *La nostalgia non è piú quella d'un tempo.*

225 Malerba, *Le galline pensierose.*

226 Einstein, *Il lato umano. Nuovi spunti per un ritratto.*

227 Revelli, *La strada del davai.*

228 Beauvoir, *Lo spirituale un tempo.*

229 Fellini, *Fare un film.*

230 Barthes, *La camera chiara. Nota sulla fotografia.*

231 Brecht, *Drammi didattici.*

232 Dostoevskij, *L'idiota.*

233 Volponi, *Memoriale.*

234 Broch, *Gli incolpevoli.*

235 Thomas, *Poesie.*

236 Schulz, *Le botteghe color cannella.*

237 Dostoevskij, *Delitto e castigo.*

238 Pasolini, *Le ceneri di Gramsci.*

239 Dostoevskij, *I fratelli Karamazov* (due volumi).

240 Levi (Primo), *La ricerca delle radici. Antologia personale.*

241 Lewis, *Il Monaco.*
242 Eluard, *Poesie.*
243 Pasolini, *La nuova gioventú. Poesie friulane 1941-1974.*
244 Mark Twain, *Le avventure di Tom Sawyer.*
245 Il teatro italiano. V: *La tragedia dell'Ottocento* (tomo primo).
246 Il teatro italiano. V: *La tragedia dell'Ottocento* (tomo secondo).
247 Fabre, *Ricordi di un entomologo. Studi sull'istinto e i costumi degli insetti.*
248 Mark Twain, *Le avventure di Huckleberry Finn.*
249 Casula, *Tra vedere e non vedere. Una guida ai problemi della percezione visiva.*
250 Pasolini, *L'usignolo della Chiesa Cattolica.*
251 Salvatorelli, *Vita di san Francesco d'Assisi.*
252 Flaubert, *Bouvard e Pécuchet.*
253 Casula, *Il libro dei segni.*
254 Puškin, *Romanzi e racconti.*
255 Hawthorne, *La lettera scarlatta.*
256 Kipling, *Capitani coraggiosi.*
257-60 Döblin, *Novembre 1918. Una rivoluzione tedesca.*
  (257) *Borghesi e soldati.*
  (258) *Il popolo tradito* (in preparazione).
  (259) *Ritorno dal fronte* (in preparazione).
  (260) *Karl e Rosa* (in preparazione).
261 Marin, *La vita xe fiama e altri versi 1978-1981.*
262 Volponi, *Sipario ducale.*
263 Lawrence, *Donne innamorate.*
264 Dickinson, *Lettere 1845-1886.*
265 Sciascia, *La corda pazza. Scrittori e cose della Sicilia.*
266 Dostoevskij, *Umiliati e offesi.*
267 Persio Flacco, *Le Satire.*
268 Tolstòj, *Resurrezione.*
269 Pasolini, *La religione del mio tempo.*
270 Beauvoir, *Quando tutte le donne del mondo...*
271 Wu Ch'êng-ên, *Lo Scimmiotto.*
272 Dostoevskij, *L'adolescente.*
273 Dickens, *Il nostro comune amico.*
274 De Sanctis, *Saggio critico sul Petrarca.*
275 Conrad, *Vittoria. Un racconto delle isole.*
276 De Sanctis, *Manzoni.*
277 Rodari, *Storie di re Mida.*
278 Brecht, *Diari 1920-1922. Appunti autobiografici 1920-1954.*
279 Frank, *Racconti dell'alloggio segreto.*
280 De Sanctis, *Leopardi.*
281 Sciascia, *Cruciverba.*
282 Queneau, *Esercizi di stile.*
283 Giovenale, *Le satire.*
284 Hugo, *I miserabili* (tre tomi).